보통날을 바라던
28살 계약직 사원의 박사연구원이 된
직장인 이야기

신강선 지음

목차

1. 신 사원 이야기
_작은 여행사 7

2. 계약직 신 사원 이야기
_대형 여행사 17

3. 계약직 신 사원 이야기
_대형 여행사 (혼자만) 28

4. 계약직 신 사원 이야기
_대형 여행사 (스팸) 34

5. 계약직 신 사원 이야기
_대형 여행사 (신뢰) 39

6. 계약직 신 사원 이야기
_대형 여행사 (영업지점) 45

7. 계약직 신 사원 이야기
_대형 여행사 (놀면 뭐해) 54

8. 계약직 신 사원 이야기
_대형 여행사 (자기계발) 62

9. 계약직 신 사원 이야기
_대형 여행사 (월급) 69

10. 취준생 이야기
_첫 번째 75

11. 인턴 신 팀장 이야기
_교육 회사 80

12. 신 팀장 이야기
_교육 회사 85

13. 신 국장 이야기
_교육 회사 91

14. 신 대리 이야기
_유·초등 관련 스타트업 98

목차

15. 신 매니저 이야기
_반려견 관련 스타트업   105

16. 취준생 이야기
_두 번째   113

17. 위촉직 신 연구원 이야기
_공기업   119

18. 계약직 신 박사 이야기
_공공기관   127

19. 신 박사 이야기
_연구원   135

대학생 때 들은 취업 특강이 떠올랐다.
100미터 달리기처럼 서로 경쟁하는 사회가 아닌,
이제는 자신만의 길에서 끊임없이
자신을 성장시켜야 하는 삶을
살아야 한다는.

1.
신 사원 이야기
_작은 여행사

신 사원도 대학생 시절이 있었다.

고등학교를 막 졸업하고, 캠퍼스에 처음 발을 들이던 순간의 설렘.

그러나 그 설렘은 곧 술잔으로 대체되었다.

1학년 때는 친구들과 어울려 다니느라 정신이 없었다.

지금도 '잘 논다'는 게 뭔지는 모르겠다.

의미 있게 놀기보다는, 거의 매일 술을 마시며 시간을 보냈다.

2학년이 되자 그는 '곧 군대에 가니까, 이게 마지막이다'라는 마음으로 더욱 놀았다.

특히 그는 직업군인이 될 생각이 있었기 때문에 장교 시험도 준비했지만,

체력 점수가 아무리 좋아도 낮은 학점은 극복되지 않았다.

시험은 떨어졌고, 결국 대부분이 그러하듯 정해진 수순대로

2학년을 마치고 병사로 입대하였다.

군대에서는 전차병으로 복무했다.

가끔 전차 위에 앉아 하늘을 보며 '전역하고 나서 뭘 해야 하지?'라는

막막한 고민을 했다.

지금 생각하면 웃음이 나는 일이다.

배운 것도, 본 것도 제한적인 환경 속에서

그 이상의 것을 고민한다는 게 애초에 무리였던 것 같다.

그리고 그 시절엔 유튜브도 없었다.

정보를 얻을 루트가 지금처럼 많지 않았던 시기였다.

그럼에도 군대에서 처음으로 '책'이라는 것을 읽어 봤다.

『상도』라는 소설이었다.

책을 가까이한 적이 없었던 신 사원은 다 읽었다는

사실만으로도 꽤 뿌듯했다.

또 영어 단어 700개를 외우기도 했다.

물론 전역과 동시에 머릿속에서 그 단어들은 말끔히 사라졌지만 말이다.

군 복무 중에 마음 한구석에 자리 잡은 생각이 하나 있었다.

'호주로 워킹홀리데이를 가고 싶다.'

영어도 배우고, 인생 경험도 해보고 싶었다.

전역 후 그는 실제로 호주로 떠났다.

오이를 따며 일을 하고, 다른 한국인들과 어울렸다.

그러나 향수병이 심하게 찾아왔고, 결국 예정보다 이르게 한국으로 돌아왔다.

그땐 실패 같았지만, 나중에 보니 그것도 소중한 경험이었다.

복학 후 3학년이 되자 위기감이 밀려왔다.

'이러다간 진짜 취업 못 하겠다'는 생각이 들었다.

대기업 기준 학점이 3.0은 넘어야 한다는 취업 공고를 본 적이 있어, 그는 1학년 교양 수업 책부터 다시 꺼내 들었다.

남들이 토익 공부에 집중할 때, 그는 기초 학점을 다시 쌓는 중이었다.

4학년이 되었을 때도 상황은 비슷했다.

다만 노력 끝에 간신히 학점은 3.0을 넘겼다.

하지만 그 외의 스펙은 없었다.

토익 점수도 없고, 인턴 경험도 없고, 자격증도 없었다.

그런 그에게도 하나의 꿈이 생겼다.

바로 '하고 싶은 직업'이 생겼다는 것이었다.

방학 때마다 고모가 운영하는 작은 여행사에서 일을 도와준 경험이 생각났다.

손님 응대부터 예약 관리까지, 익숙하지 않으면서도 이상하게 재미있었다.

신 사원은 그때부터 진심으로 생각했다.

'나도 고모처럼 1인 여행사를 차려야겠다.'

그 꿈은 단순했다.

사장이 되어 내 사업을 운영하고, 돈도 많이 벌고, 멋진 외제차도 타는 것.

그러나 그 단순한 꿈의 구체적인 방향성은 없었다.

졸업 후 그는 대전에 있는 작은 여행사 세 곳에 이력서를 냈다.

연봉은 말도 안 되는 수준이었다.

그야말로 열정페이.

하지만 괜찮았다.

대기업에서 부품처럼 굴려지는 것보다, 중소기업에서 전체 흐름을 배우는 것이

나중에 내 사업에 도움이 된다고 믿었다.

이건 대학교 때 들었던 한 강연에서 들은 말이기도 했다.

결과는 전부 탈락.

실망도 컸지만, 곧 냉정해졌다.

'나는 관광학과도 아니고, 공대 출신이니까 당연한 결과다'라며 자신을 위로했다.

그땐 몰랐다.

대부분의 직장에서는 처음부터 대단한 전문지식을 요구하지 않는다는 것을.

그리고 '경력'이 훨씬 중요하다는 것도. 예전에도 마찬가지였다.
그래도 방향은 정해져 있었기에, 다시 방법을 찾았다.
그는 서울에 있는 여행사 취업 학원을 국비 지원으로 등록했다.
매주 토요일이면 서울로 올라갔다.
평일에는 토익 공부를 병행했다.
국비 지원 학원은 2개월 과정이었고, 그는 그곳에서 반장이 되었다.
지방에서 서울까지 왕복하면서 굳이 반장까지 맡은 이유는 단 하나,
'혹시 이력서에 도움이 되지 않을까' 하는 마음뿐이었다.
한 달쯤 지나 학원을 다니면서 이력서를 쓰기 시작했다.
대전에서는 가능성이 없다고 판단했고, 서울에서 1년 정도 경력을
쌓고
대전으로 돌아오기로 계획을 세웠다.
학원에 들어가니 그래도 작은 전략이라는 게 생겼다.
그렇게 서울의 한 아주 작은 여행사에 지원했고, 놀랍게도 합격했다.
직원 수는 10명 정도였고, 작지만 나름 개인 사장님이 운영하는
여행사치고는
규모가 있는 회사였다.
합격 통보를 받은 지 3일 후, 바로 출근을 해야 했다.
급히 짐을 싸 인천에 있는 고모 집에서 출근을 시작했다.
처음에는 모든 게 낯설었지만, 일 자체는 재미있었다.

다만 몸이 버티질 못했다.

퇴근 후엔 기절하듯 잠들었다.

그렇게 3주간 인천에서 광화문까지 출퇴근을 하다 종로 근처 고시텔을 알아봤다.

샤워실과 화장실이 딸린 동대문 쪽의 작은 고시텔을 얻으며 독립을 시작했다.

서울 직장인의 삶이 시작되었다.

아침 7시에 일어나 씻고 지하철을 타고 출근했다.

8시 20분이면 회사에 도착했다.

건너편에는 쌍둥이 형이 다니는 대형 건설사 건물이 있었다.

겉보기엔 멋졌지만, 안을 알 수 없기에 부럽지는 않았다.

하지만 월급이 두 배라는 점은 솔직히 부러웠다.

출근하면 제일 먼저 하는 일은 청소였다.

모든 직원의 책상을 닦고, 바닥을 쓸었다.

부장님 책상도 닦았다.

그러던 어느 날, 부장님이 물으셨다.

"책상 누가 닦았어?"

"제가 했습니다."

"바닥도 네가 쓸었어?"

"네."

그 이후로는 본인의 책상만 닦게 되었다.

사장님은 왜 신 사원만 청소를 다 하냐고 다른 직원들에게 화를 냈다.

신 사원은 열심히 했던 청소로 인해 괜히 다른 직원분들께 죄송한 마음이 들었다.

퇴근은 6시 반쯤.

보통은 7시까지 남아 일을 마무리했다.

금요일이면 조용한 하천 길을 따라 동대문까지 걸었다.

서울의 밤공기는 낯설지만 차분했다.

혼자 걷는 그 길이 위안이 되었다.

저녁은 고시텔 건물 1층에 있는 작은 중국집의 3,500원짜리 볶음밥.

가장 저렴한 메뉴였다.

자주 먹다 보니 그 후로는 잘 먹지 않게 되었지만, 그래도 신 사원은 그때는 편하게 먹지 못했던 탕수육을 여전히 좋아한다.

고시텔에 도착하면 노트북으로 드라마를 틀고,

이어폰으로 들으면서 잠이 들었다.

그렇게 3개월이 흘렀다.

어느 정도 적응이 되었고, 외근도 시작했다.

항공권을 전달하러 외출할 때면 약국에 들러 피로회복제 한 병을 샀다.

500원짜리 피로회복제였다.

혹시라도 늦을까 봐 후딱 마시고 회사로 복귀했다.

그렇게 하루하루 열심히 살아가던 어느 날, 사장님에게서 메신저가 왔다.

"오늘 막걸리 한잔 어때? 파전도 있어."

둘이서만의 회식.

사장님은 신 사원을 조금씩 신뢰하고 있었다.

신 사원도 그 신뢰가 감사했고, 더욱 열심히 해야겠다는 마음이 생겼다.

지금 받는 월급이 적어도,

나를 인정해 주는 사람이 있다는 건 참 고마운 일이었다.

집에서는 여전히 '아픈 손가락'이었다.

형과 누나는 대기업에 다녔고, 자신은 작은 회사 직원이었다.

가끔은 안타깝기도 했다.

하지만 그는 알고 있었다.

'나는 지금, 할 수 있는 최선을 다하고 있다'는 것을.

입사 5개월쯤 되었을 때였다.

고모에게서 연락이 왔다.

"우리나라에서 두 번째로 큰 여행사에서 수시 채용으로 경력직 뽑는다더라.

한번 넣어봐. 계약직인데 곧 정규직도 전환될 거야."

신 사원은 망설였다.

아직 1년도 안 되었고, 무엇보다 사장님을 실망시켜 드릴 수 없었다.

가족들은 이해하지 못했다.

"붙은 것도 아닌데 왜 지원도 안 해봐?"

그래서 그는 이력서만 넣었다.

그리고 며칠 뒤 면접이 잡혔다.

처음 신입사원은 1개월을 일하면 1개의 연차가 생기는데

연차 개념도 모르던 신 사원은 회사에 거짓말을 하고 면접을 보러 갔다.

그리고 불합격.

'잘됐다.'

다시 일에 집중할 수 있었다.

그런데 며칠 뒤, 연락이 왔다.

원래 채용하려던 크루즈 부서가 아닌

동남아사업부서에서 채용을 하고 싶은데, 혹시 올 수 있겠냐는

연락이었다.

망설이지 않았다.

대형 여행사 유니폼을 입을 수 있는 기회였다.

그렇게 신 사원도 드디어 대형 여행사 직원이 될 수 있었다.

작은 여행사에 마지막까지 최선을 다해 인사를 드렸다.

하지만 사장님은 인사를 받아주시지 않았다.

진심으로 죄송했다.

그러나 어쩔 수 없었다.

신 사원도 형, 누나처럼 '자랑스러운 아들'이 되고 싶었기 때문이다.

추후 이번에 합격한 대형 여행사를 그만두었을 때도 찾아가 인사를 드렸었다. 그때도 인사는 받아주시지 않았다.

세상은 그렇다.

2.
계약직 신 사원 이야기
_대형 여행사

신 사원은 이제 6시 40분에 일어난다.

처음엔 6시에 눈을 떴지만, 점점 적정 시간이 세팅되었다.

지금은 6시 40분이 신 사원에게 가장 효율적인 기상 시간이다.

침대 위에는 쌍둥이 형이 누워 있다.

자고 있는 것처럼 보이지만, 반쯤은 깨어 있을 것이다.

신 사원이 씻어야 쌍둥이 형도 씻을 수 있다.

두 사람은 신길역 1호선 근처,

걸어서 10분 거리의 작은 원룸에서 함께 살고 있다.

먼저 자는 사람이 침대를 쓰고, 늦게 들어온 사람이

바닥에 이불을 깔고 잔다.

둘은 보통 누워서 이야기를 하거나 TV를 함께 본다.

집이 좁으면 자연스럽게 누워 있게 된다.

하지만 불편하지 않다. 그래서인지

지금도 집에 오면 누워 있는 걸 좋아한다.

신 사원은 쌍둥이 형이 취업해서 올라오기 전,

혼자 고시텔에서 살았던 기억이 있다.

그래서 이 원룸을 해 주신 부모님께 늘 감사한 마음이다.

지금 살고 있는 집을 구하기 전에 한번은

스스로 월세 집을 보러 다닌 적도 있었는데,

그때 봤던 집들과 비교하면 지금 이 원룸은 훌륭한 공간이다.

물론 낡은 오피스텔이긴 하다.

특히 화장실은 아무리 청소를 해도 깨끗해지지 않는다.

하지만 평일에는 잠만 자고, 주말엔 친구들과 시간을 보내거나

침대에 누워 지내니 불편함은 없다.

더 좋은 집에 대한 욕심도 없다.

어쩌면, 아직 더 좋은 집이 어떤 건지 몰라서일지도 모른다.

그리고 그럴 여유와 능력도 없다.

그저 가끔 가는 계룡시 부모님 집은 대궐이었다. 전에는 몰랐었다.

씻고 머리를 말리면 시간이 7시 20분.

주말마다 셔츠를 다섯 벌 정도 다려놓는다.

셔츠 다리기는 꼭 해야 하는 주말의 루틴이다.

샤워 중엔 종종 헛구역질을 한다.

전날 술을 마셨든, 그렇지 않든 헛구역질이 나왔다.

신 사원은 첫 직장에서 5개월을 일하고 이직했다.

지금의 회사, 우리투어에서는 6개월째 근무 중이다.

헛구역질은 10년이 지난 지금도 습관처럼 남아 있다.

빈도는 많이 줄었다.

어느 날, 옆 팀의 오 선배에게 이 이야기를 털어놓았다.

"저 화장실에서 매일 헛구역질해요."

"나도 그래."

그 말에 안도했다.

'아, 나만 그런 게 아니구나.'

7시 20분이 되면 집을 나선다.

신길역까지는 멀지 않다.

1호선에 올라타면 언제나 그렇듯 자리는 없다.

금방 내릴 것 같은 사람 앞에 선다.

누가 내릴지는 모르지만, 그냥 손잡이를 잡고 선다.

그리고 시청역에 도착하면 지상으로 나가는 대신 지하도를 이용한다.

신호등이 없어 더 빠르기 때문이다.

지하도에는 990원짜리 커피 가게와 기차 승차권을 파는 부스,

그리고 가끔 들르는 브랜드 커피숍이 있다.

신 사원은 가끔 생각한다.

'나중에 커피숍을 하면 어떨까.'

하지만 어떻게 돈을 모아야 하고, 무엇을 준비해야 하는지는 전혀 모른다.

지금은 그저, 하루하루 출근하고 주말을 기다리는 사원일 뿐이다.

회사 건물은 호텔 건물 안에 있다.

4층부터 6층까지를 회사가 사용하고 있다.

호텔 정문을 통해 들어가면, 비록 고급 호텔은 아니지만 어딘가 직장인으로서의 자부심이 생긴다.

한 번의 작은 회사 경험이 있어서인지, 지금의 이 공간이 더 의미 있게 느껴진다.

엘리베이터에는 회사 사람들이 가득하다.

"안녕하세요."

인사를 하고 4층에서 내린다.

출입문 앞에 도착하면 지문 인식을 통해 출근 체크를 한다.

겨울이면 지문이 인식되지 않아 애를 먹는다.

이로 인해 입장이 순조롭게 못 할 때는 뒤에 줄 선 동료들에게 미안해질 때도 있다.

다행히 오늘은 한 번에 성공했다.

사무실 안으로 들어간다.

신 사원은 동남아사업부 1팀에 속해 있다.

출근하면 2팀 팀장님이 먼저 와 있다.

"안녕하세요."

인사를 하고 자리에 앉는다.

신 사원은 팀 내에서 가장 일찍 출근하는 편이다.

먼저 하는 일은 정수기 물 상태를 확인하는 것.

비어 있으면 새 물통으로 교체한다.

신 사원 자리가 정수기와 가까워 자연스레 맡게 됐다.

그리고 그는 막내가 이런 일을 하는 것이 당연하다고 생각한다.

자신이 막내가 아니게 되는 날에는 막내를 많이 도와줄 생각이다.

8시 30분.

공식적인 근무 시작은 9시지만, 신 사원은 미리 업무를 시작한다.

전날 못 끝낸 단체 상품 세팅을 하고, 자잘한 일들을 처리한다.

팀원은 15명.

모두에게 인사를 하진 않는다.

모두 인사하다 보면, 정작 해야 할 일을 못 할 수도 있다.

9시가 되자 사내 방송이 시작된다.

전국 지점으로 송출되는 방송이다.

사내 DJ가 사내 소식을 전하고, 마지막엔 상품기획부서 직원들이 자신이 담당하는 상품을 소개한다.

오늘은 신 사원의 차례다.

"안녕하세요. 우리투어 방콕팀 신 사원입니다.

방콕팀 상품 소개 드립니다.

방콕이 딱! 저렴하게 딱! 9만 9천 원에 딱!

가장 저렴한 방콕 상품 문의 주시면 고객 출발 가능 여부 신속하게 확인해 드리겠습니다.

많은 관심 부탁드립니다. 감사합니다."

방송국은 동남아사업부에서 가장 높으신 부장님 자리 옆, 작은 공간에 있다.

스피커와 마이크가 놓인 그곳에서 15초 남짓한 방송을 마친 뒤 자리로 돌아온다.

돌아오는 길, 누군가는 박수를 쳐준다.

누군가는 "부끄러웠겠다"며 측은해하신다.

하지만 신 사원은 이 방송이 자신을 알릴 기회라 생각한다.

가장 잘하는 업무는 방송이다.

경쟁 상대는 옆 팀 오 선배.

하지만 선의의 경쟁일 뿐, 질투는 없다.

업무가 본격적으로 시작된다.

전화벨이 여기저기서 울린다.

전국의 영업사원들이 전화한다.

신 사원이 맡은 지역은 방콕.

가장 인기 있는 여행지 중 하나다.

문의가 많고, 전화는 끝없이 이어진다.

입사 3일 차에는 너무 한가해서 여행 신문을 본 적도 있다.

그땐 담당 상품이 없어서 그랬지만, 지금 생각하면 신입의 실수였다.

열심히 일하는 선배들 앞에서 신문을 본 건 기본적으로 예의가 없었다.

몰랐다.

갑자기 메신저가 울린다.

'바람이나 쐬러 가자'

보낸 사람은 변 대리님.

"네, 대리님."

변 대리님은 동남아사업부의 에이스다.

전화가 오면, 그 자리에서 '된다', '안 된다'를 정확하게 알려준다.

사실 그 기준은 유동적이다.

오늘은 '된다'지만, 내일은 '안 된다'일 수도 있다.

변 대리님은 업무 컨트롤을 잘하시는 것이다.

우리투어에서 일하는 것은 업무 내용이 실시간으로 바뀌고, 항상 바쁘다.

엘리베이터를 타고 1층으로 내려가면, 담벼락에 기대어

우리투어 직원들이 담배를 피우고 있다.

신 사원은 담배를 피우지 않지만, 대리님들이 불러주는 이 시간이 좋다.

이런 시간이 아니면 혼자 나오지도 못했을 것이다.

군대에서도 이등병은 전우조 없이 PX도 혼자 못 갔으니까.

오전 시간은 금방 지나간다.

11시 30분쯤, 신 사원은 정 대리님에게 업무 톡을 보낸다.

'정 대리님, 오늘 점심 약속 있는 날입니다. 엘리베이터 앞에서 기다리겠습니다.'

'응~'

정 대리님은 출산 후 복직하셨고, 화성에서 출퇴근하신다.

신 사원은 늘 대단하다고 생각하지만, 한편으로는 너무 멀다는 생각을 한다.

서울 집값이 너무 비싸니, 많은 사람들이 경기도에서 출퇴근하는 걸 모른 채 살아왔다.

그저 본인 일만 하며 하루를 보내는 단순한 사원이었다.

점심을 먹고 나면 정 대리님은 항상 커피까지 사주신다.

선배가 밥을 사면 후배가 커피를 사는 게 보통인데,

신 사원은 아직도 대학교 동아리 시절처럼 선배가 사주는 대로 얻어먹는다.

프랜차이즈 커피숍의 따뜻한 라테 숏 사이즈.

신 사원은 커피 맛을 잘 모른다.

그저 비싼 커피를 한 손에 들고 사무실로 돌아오는 그 느낌이 좋다.

심지어 마시다 버릴 때도 있다. 먹다 보면 헛구역질이 나기도 했다.

진짜 맛은 모른다.

오후가 되면 문의 전화를 주시는 영업사원분들의 전화는 더 많아진다.

신 사원은 늘 상대의 입장에서 도와주려고 노력한다.

그게 자신의 방콕 상품이 잘 팔리는 길이라고 믿는다.

물론, 방콕은 워낙 인기 있는 지역이라 잘 팔리는 것도 있다.

매일 오후 5시에는 '행낭'을 보내야 한다.

회사의 다른 지점으로 서류를 보낼 수 있는 시스템이다.

행낭은 인천공항 지점으로 보내지는데 공항버스 짐칸을 통해서

보내진다.

공항버스가 5시에 우리투어 본사가 있는 롯데백화점 앞에 도착하기

때문에

5시에 보내야 하는 것이다.

4시 30분부터 부서 사람들에게 신 사원이 소리친다.

"행낭 보내겠습니다! 행낭 보냅니다! 행낭 보내요!"

그래야 다른 직원들이 보내야 하는 서류를 준비한다.

이제는 목소리도 우렁차다. 적응이 된 것이다.

가끔은 "맛있는 행낭이 왔어요~"라며 장난치고 싶지만, 아직은 그럴

여유도 짬도 없다.

4시 50분.

서류를 모아 행낭을 챙겨 나간다.

적게는 4개, 많을 땐 6개도 된다.

이때는 부서 남자 사원들이 자연스럽게 모인다.

이 시간엔 모두가 '고참'이 된다.

같이 담배를 피우고, 짧은 이야기를 나눈다.

공항버스 짐칸에 행낭을 싣고 기사님께 인사한다.

내일도 또 봐야 하니까, 인사는 공손하게.

간혹 바쁘다고 퉁명스러운 기사님도 있지만, 그래도 감사 인사는 꼭 한다.

이 행낭은 공항 직원들이 받아 손님에게 전달할 여행 스케줄표와 항공권이 들어 있다.

다시 사무실로 돌아오면 또 전화가 쏟아진다.

메신저는 쌓여 있다.

오늘도 7시에 퇴근하기는 어려울 것 같다.

하지만 이제는 익숙하다.

싫지 않다.

신 사원은 지금 이곳에서 일할 수 있다는 것 자체가 감사하다.

8시쯤, 오늘도 퇴근 준비를 한다.

보통 가장 늦게 퇴근하기 때문에, 반대편 문은 수동으로 잠그고,
자동문으로 나간다.
지하철을 타고 돌아오는 길,
저렴한 가격의 치킨 반 마리를 사서 집에 간다.
맥주 한 캔과 함께 늦은 저녁을 먹는다.
형은 오늘도 회식이다.
묻지 않아도 안다.
신 사원도 회식을 할 때가 많긴 하지만
오늘은, 혼자 먹는 이 조용한 저녁도 나쁘지 않다.

3. 계약직 신 사원 이야기

_대형 여행사 (혼자만)

28살 신 사원은 우리투어 상품기획본부에서 일하고 있다.

우리투어는 대한민국에서 손꼽히는 여행사다.

여행업계 취업을 꿈꾸는 이들이라면 누구나 한 번쯤 입사를 희망하는 곳이다.

신 사원도 대학생 때부터 이 회사를 가고 싶었다.

하지만 공채 지원 자격 요건 중 토익 점수를 채우지 못했다.

그래서 지원조차 하지 못했다.

대전에서 작은 여행사에 이력서를 냈지만 불합격.

결국 서울에 있는 직원 수 10명 정도의 여행사에 취직해 5개월을 일했다.

그러다 우리투어의 경력직에 지원하게 되었다.

지원한 부서에서 뽑히지는 않았지만, 갑자기 인력이 필요해진

다른 부서에서 운 좋게 채용됐다.

지금 생각해 보면, 참 운이 좋았다.

사실 처음 취업한 작은 여행사에서는 월급이 적더라도 1년을 채워

배우고,

고향인 대전으로 이직할 생각이었다.

그런데 월급에 대한 아쉬움과 우리투어 경력직 기회가

겹치면서 결국 사장님의 기대를 저버리고 5개월 만에 이직했다.

신 사원 스스로도 죄송한 마음이 있다.

하지만 인간은 참 간사하다는 걸 몸소 체험했다.

우리투어의 동남아사업부서에는 약 90명의 직원이 일하고 있다.

신 사원의 장점이라면, 항상은 아니지만 늘 일찍 출근한다는 점.

그리고 자리에 가장 가까운 정수기 물통은 늘 신 사원이 챙긴다.

성격은 밝은 편이다.

단점이라면, 일의 체계가 없고, 부탁을 거절하지 못한다는 것.

그래서 업무 조율이 어렵다.

신 사원은 늘 야근한다.

업무 시간 중에 해야 할 일을 다 끝내지 못해서다.

일을 잘 못한다는 게 정확하다.

6시 퇴근 시간이 지나고, 7시가 되면 사무실에는 10명 남짓만 남는다.

같은 1팀에서 일하는 배 대리님이 신 사원을 보고 말한다.

"신 사원, 저녁 먹을래?"

"네, 대리님. 바로 마무리하고 가겠습니다."

신 사원은 야근 후 함께 저녁을 먹자는 말이 좋다.

왜냐하면 신 사원은 계약직이다.

정규직들과 어울릴 수 있는 기회가 많지 않다.

이럴 때면, 3~4명이 모여 함께 저녁을 먹으러 간다.

오늘도 목적지는 익숙한 삼겹살집.

을지로에 있는 솥뚜껑 삼겹살집이다.

회식 장소도 자주 이곳으로 온다.

아니면 '스테이크집'이라는 이름으로 통하는 소고기 볶음 전문점.

2층에 위치한, 인테리어가 세월을 고스란히 품은 그곳이다.

삼겹살엔 역시 소맥이다.

신 사원은 항상 고기를 굽겠다고 나선다.

하지만 어느새 취하면 고기는 안 굽고 술만 마신다.

술잔을 채우는 것도 서툴다.

오늘 함께한 대리님들은 모두 같은 팀이다.

변 대리님도 있다.

함께 방콕 상품 운영을 담당하는 분이다.

일할 땐 무서울 정도로 혼내지만, 사석에서는 좋은 형 같은 사람이다.

"신 사원, 오늘 힘들었냐?"

"아닙니다, 대리님. 단체 상품 세팅을 하려 했는데 문의 전화가 계속 와서…

미뤄지다 보니 업무가 좀 늦었습니다."

신 사원이 일하는 동남아사업부서에는 신 사원보다 늦게 입사한 공채 출신들도 있다.

그들은 대부분 6시에 퇴근한다.

같은 팀의 한국대 출신 후배는 좋은 학교에 일도 잘한다.

그래서 6시에 칼퇴근한다.

그리고 가끔 그들이 선배라고 신 사원에게 업무적으로 물어보는 일이 있지만,

제대로 대답하지 못하는 자신이 미안할 뿐이다.

"그건 네가 아직 1년밖에 안 돼서 그래."

"네, 이제 1년쯤 됐습니다. 그런데 아직도 잘 못하겠습니다."

"아냐, 잘하고 있어. 지금처럼 하면 돼."

변 대리님은 좋은 말만 해 준다.

하지만 업무 중엔 자주 화도 낸다.

그렇지만 뒤끝이 없다.

그걸 알기에 신 사원은 마음에 담아두지 않는다.

"신 사원, 언제까지 다니는 거지?"

"네, 대리님. 이제 1년 정도 더 남은 것 같습니다.
정규직 전환 시험도 봐야 하고요."

신 사원은 다나까 말투를 고수한다.

"그래, 열심히 해. 모르는 건 언제든 물어봐.
사원 땐 물어봐도 되지만, 대리가 되면 물어보면 안 된다.
그러니까 지금 많이 배워둬야 해."

"네, 알겠습니다."

그렇게 삼겹살과 소맥이 오가고, 이야기가 깊어진다.

그럴수록 분위기는 더 따뜻해진다.

그리고 이쯤 되면 누가 먼저 물었는지도 모르지만, 항상 나오는 질문.
같은 질문이다.

"신 사원, 이제 얼마나 남았지?"

"네, 1년 일했으니 1년 정도 남았습니다.
그 사이 정규직 전환 잘 준비하겠습니다."

"그래, 인마. 열심히 해. 근데 열심히 하면 안 돼. 잘해야 돼.
넌 계약직이니까 남들보다 더 잘해야 한다고."

신 사원은 눈물이 난다.

"네, 대리님. 잘하겠습니다. 근데… 지금보다 더 잘하려면 어떻게 해야
할까요?"

"그건 네가 알아서 해야지. 그런 것까지 내가 알려주냐?"

"네… 열심히 하겠습니다. 흑….'

저녁을 먹는다는 핑계로 시작된 술자리.

취하면 늘 같은 결말.

신 사원은 운다.

서글픔, 다짐, 고마움이 뒤섞인 눈물이다.

누구를 원망해서가 아니다.

함께 밥 먹어주고, 이야기해 주는 대리님들이 고마워서다.

하지만 늘 "잘하라"는 말.

그게 가끔은 너무 아프다.

계약직이라 더 잘해야 한다는 말이, 신 사원을 더 슬프게 만든다.

그래도 안다.

지금 내가 일하고 있는 곳이, 정말 오고 싶었던 회사라는 걸.

지금은 계약직이지만, 친구들 앞에서는 자랑스러운 '우리투어 사원'이다.

친구들에게는 계약직이라고 굳이 말하고 싶지 않은 건 말하지 않는다.

신 사원은 90여 명의 동남아사업부서에서 혼자만 계약직이다.

4. 계약직 신 사원 이야기
_대형 여행사 (스팸)

목요일이다.

신 사원은 이번 주 금요일 퇴근 후, 대전으로 내려갈 예정이다.

설날이기 때문이다.

우리투어는 이렇게 긴 연휴가 끼면 그 전날 일이 많아진다.

특히 공항으로 보내야 하는 고객용 스케줄표와 항공권 출력이 많아진다.

출력할 양이 많아진 것도 문제지만, 더 큰 문제는 프린터.

팀 전체가 프린터 두 대를 공유해서 사용한다.

프린터를 나눠 쓰기 때문에 프린트 순서를 놓치면 낭패다.

그런데 신 사원은 미리 프린트를 할 수가 없다.

문의 전화가 끊이질 않기 때문이다.

처리해야 할 업무조차 따라가기 바쁜 실정이다.

신 사원은 일을 빠릿하게 처리하는 편은 아니다.

그때 총무팀 박 대리님에게 메신저가 온다.

"신 사원, 사업부서 사원급 인원들 1층으로 내려올래?

부서별로 나눠줄 물품이 있어."

"넵 대리님, 알겠습니다."

신 사원은 팀 채팅방에 공지를 남긴다.

"총무팀에서 연락이 왔습니다.

정수기 앞 3시 30분까지 모여주세요. 명절 물품 가지러 가야 합니다."

"넵."

"넵넵."

"넵."

이럴 때면 사원들끼리 오랜만에 모여 이야기도 나누며 편하게 움직인다.

신 사원은 평소에도 몸 쓰는 걸 싫어하지 않는다.

대학교 방학마다 택배 알바를 많이 해서 익숙하다.

1층 정문 앞에는 큼지막한 택배 박스들이 쌓여 있었다.

각 팀별로 스팸 박스를 정리해 나눠 가져가는 일이다.

사실상 사원들의 일은 이 박스를 4층 사무실까지 옮기는 것.

스팸 박스는 두 개씩 들면 딱 맞다.

스팸 박스를 가져온 신 사원은 본인이 소속된 1팀 팀장님에게 스팸에 대해 설명한다.

"팀장님, 이거 스팸이라고 합니다. 명절 선물로 나왔고, 한 개씩 가져가시면 된다고 합니다."

"응, 알겠어. 내가 말할게."

"자, 1팀! 명절 선물 스팸 한 개씩 미리 가져가세요. 그리고 옆에 있는 빨간 박스는 회사에서 주는 떡국 떡입니다. 모두 내일까지 챙겨가시면 됩니다."

"네~"

신 사원도 슬쩍 떡국 떡을 하나 챙긴다.

빨간 박스에 손잡이까지 있는 떡국 박스이다.

열어보진 않고, 곧바로 책상으로 돌아가 업무를 시작한다.

그런데 신 사원은 스팸은 받을 수 없다.

계약직이기 때문이다.

우리투어에는 사내 노조가 있다.

임금 협상부터 각종 복지까지 챙기는 조직이다.

자세한 내용은 모른다.

노조 회비가 월급에서 자동으로 빠진다던데, 한 달에 2만 원이라고 들었다.

신 사원은 내지 않는다.

아니, 낼 수 없다.

계약직은 노조에 가입할 수 없다.

그래서 스팸도 받을 수 없다.

신 사원은 요즘 '미생'이라는 드라마를 보고 있다.

계약직 사원이 '미생' 드라마의 주인공인데,

거기서도 스팸을 받지 못하는 장면이 나온다.

신 사원도 그 장면과 똑같은 상황에 놓여 있다.

하지만 슬프지는 않다.

그저 '아, 나는 못 받는구나'라는 생각뿐이다.

정규직이 되어야 받을 수 있는 거니까.

문의 전화가 계속 들어오는데, 스팸을 못 받는다고 속상할 시간은 없다.

다만, 퇴근길엔 조금 생각날지도 모르겠다.

그때 류 대리님이 다가온다.

류 대리님은 노조 위원회 소속이고, 신 사원과 축구 동호회를 하고 있다.

전에 회식 후 신 사원은 류 대리님 댁에서 자고 출근한 적도 있다.

"신 사원, 너 스팸 한 개 가져가."

"네, 대리님. 감사합니다."

왜 주시는지 묻지 않는다.

거절하지도 않는다.

신 사원은 어릴 때부터 '예스맨'이었다.

"알겠습니다."가 몸에 배어 있다.

그리고 사실은, 스팸을 받고 싶었다.

스팸은 신 사원에게 단순한 햄 그 이상이다.

드라마 속 주인공은 받지 못했지만, 신 사원은 좋은 대리님 덕분에 받았다.

그게 감사하다.

계약직인 듣는 동료들의 따뜻한 말 한마디는,

때론 누군가의 격려보다 더 크게 느껴진다.

신 사원은 하루빨리 정규직이 되어, 함께 어깨 펴고 일하고 싶다.

1년 뒤 정규직 전환 시험이 있다.

그 전까지는 묵묵히 해야 할 일을 해야 한다.

신 사원에게 있어 회사에서의 정규직 전환은 인생의 전부다.

정규직으로의 평범한 보통날을 바라지만 그건 정말이지 쉽지 않다.

5. 계약직 신 사원 이야기

_대형 여행사 (신뢰)

신 사원은 오늘도 영업사원들로부터 쉴 새 없이 문의를 받는다.

"3월 15일 방콕 얼리버드 상품 8명 가능할까요?"

"안녕하세요, 과장님! 네, 가능합니다. 감사합니다."

방콕은 상품 운영이 비교적 쉬운 지역이다.

비행기 좌석도 많고 호텔도 다양하다.

게다가 얼리버드 상품이면 출발일까지 시간이 넉넉하기 때문에

거의 대부분은 '가능합니다'로 답하면 된다.

하지만 이게 전부는 아니다.

동남아사업부서의 본질은 전화 응대가 아니라,

잘 짜인 상품을 정기적으로 업데이트하고 가격을 조율하는 일이다.

6개월 주기로 전체 상품 세팅,

분기마다, 그리고 월별, 주별로 가격 조정.

이를 통해 전국 지점과 온라인몰의 판매가 이루어진다.

하지만 신 사원의 현재 주 업무는 전화와 메신저 응대,

그리고 단체 단체 문의 처리다.

업무를 쳐내는 데만 급급할 뿐이다.

운영을 잘하지 못하는 것이다.

그래도 이제는 조금 익숙해졌다.

'그래도 적응은 하고 있구나' 하는 안도감이 든다.

물론, 그건 본인의 생각이다.

대리님과 과장님은 '잘하지는 않지만, 열심히는 한다'는 평이다.

시키는 일, 잡일, 프린터 잉크, 정수기 물통 교체 등은 싹싹하게 잘하는 편이다.

그때, 성남지점 김 대리님이 메신저를 보낸다.

안경 낀 프로필 사진을 보면 뭔가 냉정하신 분인 걸로 짐작된다.

메시지도 딱딱하다.

업무 이야기 외에는 대화가 거의 없다.

"신 사원, 한 달 전에 내가 요청한 4명 단체 상품,

다음 주 출발인데 대기로 떠 있네?"

"네, 대리님. 아마 제가 그날 '진행이 어렵다'고 말씀드렸을 거예요.

5성급 호텔 블록이 잡혀 있던 날이라….

그래도 다른 방법이 있는지 현지에 확인해 보겠습니다."

"아니야. 너 그때 전화로 가능하다고 했잖아. 분명히 '오케이'라고 했어."

"… 제가 다시 확인해 보고 연락드리겠습니다."

"이건 네 실수야. 본인이 책임져야지."

"죄송합니다. 확인해 보겠습니다."

곤란한 상황이다. 그리고 이럴 때면 우선 죄송하다고 먼저 말한다.

누가 잘못하든 그건 중요하지 않다. 일단 사과부터 한다.

이럴 땐 손님을 다른 호텔로 유도하는 수밖에 없다.

하지만 영업사원의 도움이 절실하다.

신 사원은 언젠가부터 전화로 안내한 내용도 메신저로 다시 남긴다.

하나의 작은 교훈이었다.

예전에도 비슷한 일이 있었기 때문이다.

누가 잘못했는지 따지기보다,

지금 상황을 어떻게 해결할 수 있을지를 먼저 고민하는 편이다.

그리고 무엇보다,

우리투어의 동남아사업부서는 같은 회사 직원인 영업사원과 함께

일한다.

원팀으로 움직여야 한다.

신 사원은 메신저 기록을 다시 뒤적인다.

오래된 기록이라 스크롤을 몇 번이나 내려야 했다.

드디어 메시지를 찾았다.

"안녕하세요 대리님. 전화로 안내드린 3월 15일 5성급 초특가 상품 4명 예약은 어려움이 있어 말씀처럼 다시 확인 후 전화 주시면 다시 확인하겠습니다.

현재 가능한 상품은 5성급 무료 업그레이드 상품으로는 4명 가능합니다."

신 사원은 안도의 한숨을 쉰다.

그리고 바로 김 대리님에게 전화를 건다.

"대리님, 안녕하세요. 제가 확인해 보니,

그날 초특가는 어렵다고 말씀드리고,

대안으로 무료 업그레이드 상품을 안내드렸더라고요.

그 상품은 지금도 예약 가능합니다.

손님들께 유도해 주시면 감사하겠습니다."

상황이 정리되는 듯했다.

"신 사원, 난 그때 가능하다고 들었는데….

그럼 일단 대안을 준 상품으로 다시 넣을게. 진행 가능하게 해 줘."

"네, 감사합니다. 바로 세팅해 드리겠습니다."

그리고 잠시 후,

김 대리님에게 또 전화가 온다.

"신 사원, 미안. 나도 메신저 다시 봤는데 네 말이 맞네. 고마워.

고객은 무료 업그레이드 상품으로 하기로 했어.

내가 가지는 수익에서 과일 바구니 하나 추가해 줘."

"네 대리님. 현지 랜드사에 바로 요청하겠습니다. 감사합니다."

"그래. 고맙다~"

함께 일하는 영업사원분께 큰 신뢰를 줄 수 있었던 사건이었다.

신 사원은 그렇게 또 하나의 배움을 얻는다.

그리고 한 달이 지난 어느 날,

현지에서 연락이 온다.

호텔 사정으로 해당 상품 진행이 어렵다는 것이다.

그 안에는 김 대리님의 상품도 포함돼 있었다.

신 사원은 이번에도 직접 전화를 돌린다.

메신저보다 목소리로 직접 사정 설명을 드리는 게 낫다.

"대리님, 안녕하세요. 신 사원입니다.

죄송하지만 다음 주 출발하는 초특가 방콕 5일 상품이 진행

어려워졌습니다.

올패키지 5일로 유도 부탁드려야 해서 죄송하게도 연락드렸습니다."

"아, 그래? 알았어. 고객 유도할게.

상품 코드랑 예약 넣을 테니까 바로 확정만 해 줘."

"네. 감사합니다."

이번에도 김 대리님은 단칼에 해결해 준다.

업무적으로 완벽한 분이고,

이런 분과 함께 일하는 건 행운이다.

신 사원은 전화를 끊고 잠시 생각한다.

'믿어주는 사람이 있다는 건 참 감사한 일이구나.'

물론 아직 모자란 부분도 많고,

여전히 실수도 많지만,

그래도 나아가고 있다는 사실에 위로가 된다.

그리고, 아직 월급은 쌍둥이 형보다 적지만,

퇴근길 지하철에서 이런 하루를 곱씹으며,

혼자 살짝 웃는다.

6.
계약직 신 사원 이야기
_대형 여행사 (영업지점)

신 사원은 원래 방콕팀이 아닌 필리핀 세부팀에서 첫 업무를 시작했다.

입사 후 첫 배치된 부서였다. 입사 3개월쯤 지났을 때 일이다.

당시엔 업무라는 게 낯설고, 시스템도 이해가 안 됐다.

매뉴얼 같은 건 따로 없었다.

물어보면 알려주는 구조.

처음엔 매뉴얼이 없다는 자체가 불친절하다고 생각했다.

하지만 전 직장 경험 덕에 깨달았다.

"일은 하면서 배우는 거다."

문제는 그 '배우는 과정'이 만만치 않다는 것.

자기도 힘들고, 알려주는 선배도 지치는 시기.

그래도 이 시기를 지나면 업무가 '나아진다'고 느껴지는 때가 온다.
그리고 본인이 원래 맡아야 했던 업무를 온전히 수행하게 되는 수준까지는
보통 1년이 걸린다.
그리고 2년까지는 기존 업무를 좀 더 빠르고 정확하게 하는 시기다.
2년이 지나야 진짜 '업무가 조금은 편해진다'는 말이 나온다.
그래서 신입사원의 퇴사율은 2년 안에 높고,
그 이후엔 확실히 줄어든다.
3개월 차 신 사원도, 여전히 그 고비 한가운데 있었다.
오후, 전화가 울렸다.
'급한 건'일 확률이 높았다.
"정성을 다하는 우리투어, 신 사원입니다."
"안녕하세요, 강남지점 PO 박 과장입니다. 급한 건인데요.
내일모레 출발 가능한 방콕 5성급 호텔 상품 있나요?
있으면 상품코드 좀 주세요."
"과장님, 현재로선 없습니다."
짧았다.
딱 잘라 말했다.
신 사원은 3개월 정도가 되니 뭔가 업무도 하고 있고,
자신이 꽤 일을 잘하는 줄 알았다.

그래서 '안 된다'는 답을 자신 있게 말했지만,

실제로 대안도 없었다.

"신 사원, 그럼 다른 호텔 상품이라도 대안으로 주세요."

"과장님, 현재로선 5성급은 어렵습니다."

전화를 받은 박 과장은 불쾌한 기색이 역력했다.

"보통 이럴 땐 4성급이라도 대안을 주는 거예요.

그냥 안 된다고만 하면 어떡합니까."

신 사원은 이해가 안 됐다.

'안 되는 걸 안 된다고 말하는 게 뭐가 잘못이지?'

"과장님, 안 되는 걸 설명드렸고요. 그럼 4성급 확인해 보겠습니다."

융통성도 없었지만 신 사원의 말투가 문제였다.

"아니, 이렇게 싸가지 없게 통화하면 안 되죠."

그리고 그때, 전화가 바뀐다.

"여보세요, 나 한 부장이야. 누구지?"

사무실 공기가 얼어붙는다.

신 사원은 바로 자세를 고쳐 잡는다.

"네, 우리투어 세부팀 신 사원입니다!"

"급한 건이라… 내일모레 방콕 출발 가능한 상품 있나?"

"바로 확인 후 연락드리겠습니다."

"그래. 박 과장한테 알려줘."

"네, 부장님."

전화를 끊고 신 사원은 가만히 생각했다.

큰 실수를 저질렀다는 걸 본인도 이제야 안 것이다.

지금 현장에서는 굉장히 급한 업무를 처리하고 있는 것이다.

그리고 혼자 자책한다.

'내가 정규직도 아니고, 고작 계약직인데… 싸가지 없는 사원이 되다니.'

곧장 상품을 체크한다.

정신 바짝 차리고 하나하나 다시 살핀다.

신기하게도,

진행 가능한 5성급 호텔 상품이 있었다.

바로 메신저를 연다.

'과장님, 아까 문의주신 방콕 5성급 호텔 가능하십니다.

바로 예약 부탁드립니다.'

박 과장은 짧게 답한다.

'네. 감사합니다.'

신 사원은 이 일을 계기로 배운 게 있다.

'진행 불가'라는 말에는 반드시 대안을 붙여야 한다는 것.

그리고, 전화 응대는 말투 하나로도 태도가 보인다는 것.

초심.

그리고 3개월 만에 잃어버릴 뻔한 초심을 다시 생각하게 됐다.

그로부터 일주일 후.

사장실 앞자리에 앉아 있던 신 사원에게 한 사람이 다가왔다.

"네가 신 사원이냐?"

자세부터가 다르다.

신 사원은 바로 자리에서 일어난다.

"네, 제가 신 사원입니다!"

"응, 그래."

그는 짧게만 말하고 사무실을 나갔다.

곁에 있던 최 선배가 작게 중얼거렸다.

"강남지점 지점장님이셔."

신 사원은 입술을 깨물었다.

'아…. 그 사건 이후, 결국 얼굴까지 기억하시게 됐구나.'

그로부터 한 달 정도 지났다.

설 연휴를 앞둔 금요일.

신 사원은 업무 마감 후 기차를 타고 계룡시 부모님 댁으로 내려갈 계획이었다.

기차표는 지하상가 예약 창구에서 힘들게 끊었다.

당시엔 앱 같은 게 없어 예약도 쉽지 않았다.

업무 전화가 울린다. 급한 건일 가능성이 높다.

"정성을 다하는 우리투어, 신 사원입니다."

"안녕하세요, 강남지점 이 사원입니다. 내일 출발하는 방콕상품 2명 가능할까요?"

"내일이요? 잠시 확인 후 전화드리겠습니다."

급했다.

이번에도 강남지점이었다.

지난 실수를 만회할 기회 같았다.

신 사원은 바로 항공을 확인한다.

옆자리에 앉은 최 과장님이 도와준다.

"신 사원, 좌석 돼. 호텔만 체크하면 돼."

"감사합니다!"

현지 랜드사에도 동시에 문의한다.

몇 분 뒤, 답변이 온다.

호텔도 가능.

신 사원은 숨도 고르지 않고 다시 전화한다.

"이 사원님, 가능하십니다. 상품은 새로 만들어야 하니 상품코드 만들어서 드릴 테니 바로 예약 부탁드립니다. 고객 영문 이름도 꼭 정확하게 넣어주셔야 합니다."

"네, 감사합니다. 바로 진행하겠습니다."

상품 세팅을 하려던 찰나,

계룡시 기차표 생각이 났다. 출발 시간을 변경해야 한다.

정말 시간이 안 되면 내일 출발해야 한다.

신 사원은 최 선배에게 부탁한다.

"선배님, 제가 잠깐 기차표 변경하고 올게요.

혹시 강남지점에서 전화 오면 10분만 기다려 달라고 전해 주세요."

"알겠어요."

엘리베이터를 타고 지하도로 뛰어간다.

땀이 나지만 상관없다.

기차표는 오후 10시 열차 입석으로 바꿨다.

시간 변경은 당연히 중요하지 않았다.

상품 세팅이 먼저였다.

사무실로 돌아와 다시 키보드를 두드리기 시작하는데,

전화가 울린다.

"나 한 부장이야. 내일 그거 가능해?"

"네, 지점장님. 가능해서 지금 상품 세팅 중입니다."

"기차표 바꿨다며?"

"네, 세팅하는데 좀 시간이 걸릴까 봐 기차표

예매하는 곳에 바로 다녀왔습니다."

신 사원은 놀란다.

어떻게 아셨지?

아마도 옆자리 최 선배가 강남지점에 미리 알려준 듯했다.

"그래. 그리고 방콕 상품 변경되는 추가 비용은

우리 지점에서 처리할 테니 그렇게 알아둬."

"네, 감사합니다."

세팅 완료 후,

신 사원은 이 사원에게 메신저를 보낸다.

'상품 세팅 완료했습니다. 여기 코드입니다.'

곧 전화가 걸려온다.

"신 사원님, 손님들이 여행을 미루신답니다. 진행 안 하셔도 됩니다.

감사합니다."

"아닙니다. 다행입니다. 감사합니다."

신 사원은 한숨을 쉰다.

해결됐다는 안도감,

그리고 스스로에 대한 작은 칭찬.

'그래도 이번엔, 잘했어.'

그리고 이제 퇴근을 하려는 순간

부장님께 또 전화가 왔다.

"명절 지나고 다음 주 금요일, 오후 7시까지 강남지점으로 와."

"네, 지점장님."

그다음 주,

신 사원은 강남지점 사람들과 회식을 한다.

예전에 실수했던 박 과장님도 함께였다.

술 한 잔씩 오가며,

어색함은 사라졌다.

형, 동생이 되었다.

그 이후,

강남지점에서 문의가 오면

신 사원도 반가운 마음이 먼저 든다.

서로 신뢰가 쌓이면,

업무도 어려움이 줄어들고, 일하는 것도 재미가 있어진다.

신 사원은 생각한다.

우리투어에서 '믿어주는 사람'이 하나둘 생기고 있다는 것.

그리고 그들을 전화, 메신져로 만날 수 있는 것.

오늘도 출근해서 다시 컴퓨터 앞에 앉게 만드는 힘이다.

7. 계약직 신 사원 이야기
_대형 여행사 (놀면 뭐해)

신 사원은 우리투어 상품기획부서에서 일하고 있다.

담당 지역이 동남아사업부의 방콕이다.

'기획'이라고 하면 보통 상품을 새롭게 만드는 부서라고 생각하지만,

실제로 여행사에서는 운영과 관리가 대부분이다.

정확히는 6개월마다 기존 상품들을 정리하고,

그 상품에 맞춰 금액을 세팅한 뒤,

항공 요금과 고객 반응을 보면서 가격을 조정하는 업무다.

하루에도 수십 번씩 전국 각 지점의 영업사원들로부터

"3월 15일에 6명 예약 가능해요?" 같은 문의를 받는다.

그러면 현지 협력사에게 호텔 가능 여부를 메신저를 보내 확인한 뒤,

가능 여부를 답해 주는 게 주된 일이다.

물론 진짜로 '상품을 기획'하는 경우도 있다.

하지만 대부분은 현지 랜드사에서 받은 일정표를 기반으로,

몇 개의 일정과 금액을 비교해 가장 괜찮은 걸 고르는 식이다.

완전히 새로운 상품을 만들 일은 거의 없다.

여행지가 정해져 있고, 대부분의 사람들은 정해진 곳을 가기 때문이다.

신 사원이 맡은 곳은 '방콕'.

태국은 아무리 창의력을 발휘해도 상품이 비슷할 수밖에 없다.

그래서 신 사원은 오늘도 운영에 집중한다.

같은 팀에 최 사원이 있다.

신 사원의 후배다.

정규직이고, 신 사원보다 연차는 적은 후배이다.

성격이 좋고, 시키는 일을 잘한다.

하지만 신 사원은 계약직이라 선뜻 시키기가 조심스럽다.

'누가 누굴 가르치냐'는 생각이 늘 따라붙는다.

그래도 최 사원은 워낙 싹싹해서

업무를 가르치고, 가끔은 부탁도 하게 된다.

"최 사원, 바빠?"

"아니요, 선배님. 괜찮아요."

"그럼 2층에 있는 스타은행 가서, 이거 30만 원 달러로 좀 바꿔다 줄래?"

출장 가는 팀원용 경비였다.

"네, 알겠습니다."

그런데 대답만 할 뿐 최 사원이 가만히 앉아있다.

"지금 가면 사람도 없을 거야. 다녀와."

10초쯤 지났을까.

최 사원이 고개를 들고 말한다.

"선배님… 저 은행을 한 번도 가본 적이 없어요."

신 사원은 순간 당황했다.

하지만, 당황하는 것보다는 신기했다.

"아, 그래? 그럼 나랑 같이 가자."

신 사원과 최 사원은 사무실 4층에서 걸어 내려갔다.

2층엔 스타은행이 있었다.

"우리 여기서 대기표 뽑고 기다리면 돼."

"네, 선배님."

대기 인원은 3명.

곧 신 사원의 차례가 왔다.

"30만 원을 달러로 바꿔주세요."

"네, 현재 환율로 계산해서 드릴게요."

딱히 어려운 건 없었다.

하지만 처음 하는 이에겐 모든 게 다 낯설다.

신 사원은 갑자기 예전에 들은 이야기가 떠올랐다.

콜럼버스가 신대륙을 발견하고 돌아오자,

사람들이 "그건 누구나 할 수 있는 일"이라며 비아냥댔다.

그러자 콜럼버스는 계란을 하나 책상에 꺼냈다.

"이걸 세울 수 있는 사람?"

아무도 못 세웠다.

콜럼버스는 삶은 달걀의 끝을 탁 깨뜨리고 세웠다.

쉬워 보여도, 먼저 해본 사람이 방법을 안다.

최 사원도 그랬다.

부유한 집안이라는 얘기를 들은 적이 있다.

은행에 한 번도 안 가본 것도

어쩌면 누군가가 항상 대신해 줬기 때문일지도 모른다.

신 사원은 단순했다.

'그럴 수도 있지.'

은행에서 돌아온 후,

신 사원은 김 대리님과 담배 피우러 갔다.

신 사원은 담배를 피우지 않지만,

"같이 나가자"는 말에 늘 감사히 따라나선다.

이 시간만큼은 유일한 휴식시간이다.

"대리님, 최 사원이 은행을 처음 가봤대요.

같이 환전 다녀왔어요.

신기하더라고요."

"그래? 왜?"

"엄마가 다 해 주셨대요. 역시 강남 사람이라 그런가 봐요.

최 사원…. 누구랑 결혼할 수 있을까요?"

김 대리님은 웃는다.

"그래도 그 순수한 게 매력일 수도 있어."

"그렇겠죠? 이제 슬슬 올라가시죠."

"그래, 가자."

그로부터 3년 뒤,

김 대리님과 최 사원은 결혼했다.

우리투어의 책상은 일렬로 길게 붙어 있다.

파티션도 없고, 독립 책상도 아니다.

한 줄에 10명이 쭉 붙어 있고,

바로 등 뒤에 또 다른 10명의 줄이 있다.

예전에 다녔던 소규모 여행사도 비슷했다.

그래서 신 사원은 지금의 배치가 어색하지 않았다.

쌍둥이 형의 회사 책상은 사진으로 봤는데,

파티션이 있고, 4인 1조로 구획이 나뉘어 있었다.

그래도 신 사원은 지금의 책상이 더 효율적이라고 생각한다.

바로바로 질문하고, 의견을 나누기 좋기 때문이다.

신 사원은 불편함을 모른다. 이렇게 업무해 왔기 때문에 불편한지도 모른다.

오로지 일만 하기 때문에 좁다는 생각도 없다.

일을 빨리 잘하는 스타일은 아니지만,

꾸준히, 열심히는 한다.

옆자리에 앉은 정 대리님은 임신 중이다.

예전엔 신 사원의 업무 멘토였지만

지금은 옆자리 정 대리님의 후배인 최 사원이 신 사원을 가르친다.

그래도 신 사원이 정 대리님에게 무언가를 물어보면 늘 친절하게 답해준다.

일도 잘한다.

항상 정시에 칼같이 퇴근한다.

퇴근 눈치를 안 본다.

그게 진짜 '일 잘하는 사람'이다.

신 사원은 그런 정 대리님이 부럽다.

그리고 존경한다.

한가한 오후.

최 사원이 갑자기 묻는다.

"대리님, 대리님은 아이가 있는데 왜 일을 하세요?"

신 사원은 옆에서 듣고 있다가 멍해진다.

'뭐야… 지금 그걸 왜 물어?'

당연히 돈을 벌기 위해서다.

하지만 최 사원은 모를 수 있다.

이해는 된다.

그래도 지금 이 상황은 너무 곤란하다.

정 대리님은 살짝 웃으며 말한다.

"최 사원, 놀면 뭐 해~"

"맞아요, 대리님~"

최 사원은 이해하면서 해맑게 웃는다.

하지만 신 사원은 안다.

그 말의 깊이를 아직은 최 사원이 이해 못 하고 있다는 걸.

신 사원은 이런 상황들과 회사 생활이 너무 재밌다.

이 이야기를 오늘 저녁 김 대리님과 담배 피우면서 꼭 해야겠다고 다짐한다.

10년 후.

신 사원의 누나가 명절에 집에 내려온다.

맥주를 마시며 얘기한다.

"나 이제 일 그만하려고.

남편이 벌기도 하고,

오피스텔 월세도 들어오고 하니까.

7살 내 아이한테 더 신경 쓰고 싶어."

신 사원은 학습지 회사에서 8년 정도

학습지 교사로도 7세 회원을 50명 넘게 가르쳐 본 경험이 있다.

일하는 즐거움을 누구보다 잘 안다.

그래서 누나에게 해 주고 싶은 말이 있었다.

"누나, 일이 없으면 삶이 얼마나 무료한데.

사람은 사회적 동물이야.

누나 지금처럼 회사에서 동료들과 점심 같이 먹고,

커피 마시고, 가끔 수다 떨고,

그게 다 행복이야."

"그렇긴 하지. 요즘은 일하는 게 편하기는 하니깐."

그리고 예전의 일이 생각나면서 누나에게 말해 준다.

"그리고 누나…. 놀면 뭐 해."

두 사람은 웃으며 맥주를 한 모금씩 더 들이켠다.

그 순간, 신 사원은 정 대리님과 최 사원이 떠오른다.

요즘도 그들의 SNS에 '좋아요'를 잘 누르고 있다.

그들은 누구보다 잘살고 있다.

8. 계약직 신 사원 이야기
_대형 여행사 (자기계발)

신 사원은 일을 잘하는 스타일은 아니다.

우리투어 상품기획 동남아사업부서에서 열심히 일하고 있지만,
빠르고 정확하게 처리하는 데는 여전히 서툴다.

하지만 누가 뭐래도 열심히는 한다.

그래서 평일에 밀린 일을 따라잡으려고 주말마다
조용히 광화문 사무실로 출근한다.

어제도 야근하고 배 대리님과 한잔했다. 힘들지만 천천히 출근하니
그나마 낫다.

토요일, 아점으로 작은 컵라면 한 개 끓여 먹고 지하철을 탄다.

주말의 지하철은 다르다. 앉아서 간다. 그것만으로도 좋다.

사무실은 조용하다. 텅 비었다.

그런데 저 멀리 남태평양사업부 쪽에 누군가 있다.

오가는 발소리가 희미하게 들린다.

누군지 모르지만 인사는 생략한다.

아무도 말을 걸지 않는 조용한 주말이 신 사원에겐 집중의 시간이다.

금요일에 처리하지 못한 단체 여행상품 세팅을 천천히, 정확하게 시작한다.

평일 업무 시간엔 전화가 끊이질 않는다. 정신이 없다.

하지만 이렇게 조용한 시간에는 집중이 쉽다.

다만 속도는 나지 않는다. 여유 있게 즐기면서 하기 때문이다.

업무는 절대적인 시간이 필요한 작업이다.

일을 못하는 신 사원에겐 이런 주말 출근이 필수다.

2년만 이렇게 하면, 김 대리님 말처럼 발로도 일할 수 있을지 모른다.

오늘도 벌써 두 시간이 훌쩍 지났다.

이제야 조금 마음이 편해진다. 월요일이 조금 가벼워진다.

그때, 남태평양사업부에서 누군가 걸어온다.

정 대리님이다. 화장실 가는 길인가 보다.

지나가며 말을 건넨다.

"신 사원, 주말에도 출근했어요?"

"안녕하세요 대리님! 대리님이셨군요. 누가 있는 건 알고 있었는데요."

정 대리님은 김 대리님의 동기이자, 절친이다.

신 사원도 괜히 반갑다.

"신 사원, 나 담배 피우러 가는데 커피 한 잔 같이하면서 바람 좀 쐐요."

"좋죠. 맥심 커피 한 잔씩 타 갈까요?"

"그러시죠."

조용한 엘리베이터를 타고

정 대리님과 신 사원이 1층으로 내려간다.

담배 피우는 곳은 건물 1층 외부이다.

정 대리님은 담배 한 대를 꺼내며 묻는다.

"신 사원, 할 일 많아요?"

"저는 일을 잘 못해서요. 주말에 좀 해야 마음이 편하더라고요. 그래도 요즘은 익숙해져서 좀 나아졌어요."

"나도 사원 때 주말에 나왔었어요. 1년 반쯤 그렇게 하다 보니, 익숙해지더라고요. 그 후로는 정시 퇴근도 어렵지 않더라고요."

"근데 대리님도 오늘 나오신 거 보면 바쁘신가 봐요?"

"갑자기 항공 좌석이 막혀서 월요일 출근하면 정신없을 거 같아서. 오늘만 나온 거예요."

"아, 그렇군요. 평소엔 못 뵌 거 같았어요."

좀 대화를 하다 보니 대리님께서 말을 자연스럽게 놓는다.

오히려 이게 편하다. 지금은 사회가 바뀌었지만 전에는

거의 무조건 반말이었다. 옛날이 그립기도 하다.

"신 사원, 매주 이렇게 나오면 오히려 역효과야.

업무 시간에 집중하고, 주말은 쉬는 연습도 필요해.

그래야 일도 빨라지고 효율도 생기지."

신 사원은 생각에 잠긴다.

금요일에 여유 있게 일한 건, 토요일에도 일할 수 있다고 생각했기 때문이다.

정 대리님 말이 틀리지 않았다.

"앞으로는 그렇게 생각해 볼게요."

"신 사원, 직장 다니면서 꿈은 뭐야?"

신 사원은 한참을 멈칫한다.

사실 딱히 꿈을 생각해 본 적이 없었다.

매일매일 따라가기 바빴고, 버티기에 급급했다.

하지만 서울에 올라올 때 한 가지 떠올랐던 게 있었다.

"저는요, 대전 내려가서 고모처럼 마트 안에 조그맣게 여행사 차리고 싶어요.

가장 빠르게 사장이 될 수 있는 방법인 거 같아서요."

"좋은데? 고향도 가고."

"네. 사실 대전지점 영업직도 하고 싶은데… 그건 조금 힘들겠죠."

"몰라. 일하다 보면 본인도 모르게 기회가 오는 법이야.

그리고 본인이 뭘 원하는지 계속 생각하는 것도 중요하고."

"대리님은요? 어떤 꿈 있으세요?"

"나? 나 요즘 대학원 다녀."

"정말요? 와… 대단하세요."

"직장인도 다닐 수 있어. 나도 야간 수업 듣고,

주말엔 수업 들으러 학교 가고 그래.

논문 때문에 요즘은 좀 힘들긴 한데, 그래도 좋아."

"멋지세요, 대리님."

"신 사원도 나중에 다녀 봐. 지금은 좀 빠르긴 하지만,

대리쯤 되면 할 수 있을 거야.

근데 말이야, 나도 회사에선 대학원 다닌다는 말 잘 안 해.

괜히 오해하는 사람도 있어서.

'쟤 이직하려고 공부하나?' 뭐 이런 식으로."

"대리님, 그럼 다른 데 가시려고요?"

"아냐. 지금은 그런 건 아니고.

그냥 가능성을 넓히는 거지. 나도 쌍둥이 형이 있거든.

형이 공기업 다녀. 그게 자극이 되더라고."

"어? 대리님도 쌍둥이세요?

저도 쌍둥이거든요. 제도 쌍둥이 동생이에요."

"진짜? 형은 뭐 해?"

"저희 형도 광화문에 있는 대기업 건설사 다녀요.

형한테 자극 엄청 받는 상황이죠."

"우리 동생들이 분발해야겠구나 ㅋㅋ"

두 사람은 웃으며 엘리베이터를 탄다.

"슬슬 올라가자. 나는 마무리했거든."

"저는 조금만 더 하고 퇴근할게요."

신 사원은 느낀다.

작은 회사에서 배우는 것도 좋았지만,

이렇게 큰 조직에서 더 다양한 사람들을 만나며

더 다양한 삶을 간접 경험할 수 있다는 건 큰 장점이다.

누군가가 친절히 방향을 알려주지 않더라도,

함께 같은 공간에서 일하며,

가끔은 담배 한 대, 커피 한 잔 나누며

직장 생활이라는 인생의 풍경을 배워 간다.

그리고 자신만의 방향을 찾는다.

그 후 6개월 뒤, 정 대리님은 항공사로 이직했다.

가끔 영업하러 우리투어에 들렀다.

아무래도 항공사가 좌석을 공급하는 역할이라 여행사에서

영업을 가는 경우가 많지만 반대로 가끔은 오시기도 한다.

신 사원도 반갑게 인사했지만,

정 대리님은 조심스레 주변을 의식했다.

아무래도 아직은 눈치가 보였나 보다.

그리고 또 6개월 뒤,

정 대리님은 항공사를 퇴사하고

조종사가 되기 위한 공부를 하러 떠났다.

SNS에 올라온 삭발 사진 한 장을 끝으로,

한동안 소식이 끊겼다.

그러던 어느 날,

정 대리님은 국내 최대 항공사의 조종사가 되었다.

그리고 요즘도 미국 호텔방에서

신 사원과 부동산 이야기로 가끔 전화 통화를 하고 있다.

좋은 회사라는 건,

높은 연봉이나 좋은 복지만이 전부가 아니다.

때로는 좋은 선배 하나가,

평생을 바꾸기도 한다.

신 사원은 그렇게 생각하며,

오늘도 조용한 사무실에서 자신만의 속도로 성장 중이다.

9.
계약직 신 사원 이야기
_대형 여행사 (월급)

신 사원은 매일 아침 기계처럼 일어난다.

씻고, 아침은 먹지 않고, 회사로 향한다.

지하철을 타고 광화문에 도착하면,

다른 직원들보다 30분 일찍 사무실에 도착한다.

하루의 업무를 준비를 한다.

정확히 말하면, 하루를 견딜 준비를 한다.

일정 기간은 부장님 책상 정리도 했다.

예전 작은 여행사에서는 당연히 하던 일이었지만,

우리투어에서는 잠깐 했었다.

그땐 몰랐다.

이게 일반적인 건지 아닌지

그저 당연히 사원이라면 해야 하는 일이라고 생각했다.

하지만 마음속에선 다짐했다.

내가 언젠가 높은 자리에 가게 된다면,

이런 문화는 없애야지.

신 사원은 요즘 궁금한 게 하나 생겼다.

"나는 10년 뒤에 얼마를 벌고 있을까?"

지금은 세후 180만 원을 받고 있다.

쌍둥이 형은 대기업 Top 5 건설사에 다닌다.

같은 집에서 살고, 똑같이 아침에 나가는데,

형은 세후 300만 원을 받는다.

형은 커피도 마시고 점심도 천천히 먹고 오는 거 같다.

근무 시간도 여유 있어 보인다.

신 사원은 그게 궁금했다.

그래서 배 대리님과 담배 피우는 자리에서 은근슬쩍 물어봤다.

신 사원은 담배는 피우지 않는다.

하지만 커피 한 잔 들고 바람 쐬러 나가는 건 좋아한다.

그리고, 이런 게 회사 안에서의 소통이란 것도 배웠다.

"대리님, 제가 만약 10년 일하면 부장님쯤 될까요?

그럼 그땐 월급이 얼마나 될까요?"

배 대리님이 웃으며 말했다.

"글쎄, 10년 뒤면 과장은 될 수 있을 거고,

부장이 되면 그래도 세후 300은 넘겠지."

신 사원은 조용히 고개를 끄덕였다.

아무 말도 하지 않았지만,

그날부터 계속 머릿속을 맴도는 숫자.

'300.'

쌍둥이 형은 지금 300을 받는다.

신 사원은 10년 이상을 일해야 겨우 거기 도달할 수 있다.

심지어 그 10년 후에 형은 더 올라가 있을 거다.

형과의 격차는 줄어드는 게 아니라,

더 벌어질지도 모른다는 생각이 들었다.

그러면서 문득 든 생각.

'이렇게 살아도 되는 걸까?'

매달 모으는 돈은 50만 원 정도다.

그 돈으로는 집을 살 수도 없고,

국산 준중형차 한 대 새로 사는 것도 부담이다.

지금 타는 차는 부모님이 사 주신 준중형차이다.

형과 함께 번갈아 운전해서 다닌다.

현재 신 사원은 계약직이고,

그마저도 정규직이 되지 못할 수도 있다.

하지만 역설적이게도,

이렇게라도 계속 일하고 싶었다.

정규직이 된다면 그것만으로도 다행이라고 생각했다.

진심으로 그랬다.

그런데 현실은 그렇게 흘러가지 않았다.

2년의 계약 기간을 다 채우지 못하고,

신 사원은 우리투어를 퇴사했다.

어느 날, 신 사원이 소속된 1팀 강 팀장님이 회의실로 불렀다.

"신 사원, 너 계약직이었어? 난 몰랐네.

이번에 정규직 전환 심사 있는데 그거 보도록 하자."

일을 잘하고 바쁜 사람들은 주변을 잘 모른다.

관심이 없는 게 아니라, 그냥 여유가 없는 것이다.

그리고 여유가 없으면 관심도 없다.

신 사원은 그 자리에서 말했다.

"전 심사 안 보겠습니다."

강 팀장님이 놀랐다.

"안 본다고? 그럼 그만두겠다는 거야?"

신 사원은 조용히 말했다.

"네. 그럴 생각입니다."

조용히 자리로 돌아와 일을 이어갔다.

주변은 술렁였다.

사람들은 이상한 낌새를 눈치챘다.

사실 최근에 신 사원은 큰 실수를 한 적이 있다.

관행처럼 굴러오던 업무 방식이었다.

하지만 관행이라는 말로 덮기엔

실수의 크기가 컸다.

강 팀장님은 그걸 알았다.

그럼에도 불구하고 정규직 전환 기회를 준 거였다.

그 마음이 고마우면서도 미안했다.

그래서 더 이상 민폐가 되기 전에 떠나기로 했다.

우리투어를 떠나는 건 아쉬웠다.

하지만 떠나는 게 맞았다.

신 사원은 퇴사 인사를 하면서 울었다.

4월 30일 마지막 근무일.

사람들 앞에서 울었다.

그리고 다음 날, 5월 1일 근로자의 날.

회사에서 주최한 등산 행사에 참석했다.

신 사원은 또 울었다.

두 번째 마지막 인사였다.

사람들과 계속 함께하고 싶었다.

하지만 그러지 못했다.

그게 가장 슬펐다.

그렇게, 신 사원은 우리투어를 떠났다.

10.
취준생 이야기
_첫 번째

신 사원은 더 이상 사원이 아니다.

퇴사 준비도 없이 회사를 나온 후, 고민이 많았다.

정확히 말하면, 막막했다.

회사를 그만두기 25일 전부터 점심 약속, 저녁 약속이 끊이지 않았다.

같이 밥 먹던 선배들,

혼내는 듯 보였지만 사실은 조언이었던 이야기들,

신 사원을 위로해 주던 말들.

그 모든 순간들이 소중했다.

회사라는 존재는 월급을 줘서 고마웠고,

경력과 사회생활을 통해 많은 배움을 주어서 고마웠지만,

정말 고마웠던 건 그 안의 사람이었다.

그래서 신 사원은 늘 선배들과 어울리는 걸 좋아했다.

인생을 먼저 걸어 본 그들의 이야기가 좋았다.

퇴사 후, 신 사원은 고민을 안고 제주도로 여행을 떠났다.

혼자 중형차를 렌트해 일주일간 섬을 돌았다.

머릿속엔 두 가지 생각뿐이었다.

작은 여행사를 차릴까?

아니면 다시 취업을 해야 할까?

여행은 끝났지만, 답은 나오지 않았다.

혼자 여행하는 건 경비도 많이 들었다.

그리고 생각해 보면 현실은 냉정했다.

창업은 자금도 없었고,

사업에 대한 두려움도 컸다.

그래서 다시 취업을 하기로 결심했다.

서울에서 하기로 했다.

구로디지털단지역 근처,

형과 누나와 함께 살면서 구직 활동을 하기로 했다.

오전엔 강남 토익 학원에 다녔고,

오후엔 근처 도서관에서 공부를 했다.

목표는 항공사 취업.

조건은 토익 700점.

신 사원은 우리투어에서 만난 선배들을 다시 만나고 싶었다.

그들과 비슷한 업무를 하는 회사에 가고 싶었다.

하지만, 생각보다 현실은 쉽지 않았다.

서류 탈락이 계속됐다.

경력 1년 8개월짜리 계약직 이력은 부족했다.

우리투어보다 좋지 않은 회사는 가고 싶지 않았지만,

그래도 몇 군데 지원은 해 봤다.

놀랍게도 여기도 결과는 같았다.

4월 30일 퇴사 이후,

3개월이 지나 8월이 되자,

신 사원은 현실을 인정할 수밖에 없었다.

'아, 쉽지 않구나.'

그때부터는 대전에도 이력서를 쓰기 시작했다.

하지만 대전엔 마음 가는 회사가 별로 없었다.

이름만 들어도 아는 곳,

그리고 기획보다는 사람을 상대하는 영업관리직.

그게 신 사원이 원하는 일이었다.

신 사원은 관계 형성을 잘했다.

사람들과 어울리는 걸 좋아했다.

그게 장점이었다.

직무 능력은 부족했지만,

사람들과의 관계에서는 자신 있었다.

그러다 발견한 공고.

생각학습지.

교육 회사라는 건 알고 있었고,

모집 직무는 영업관리.

바로 신 사원이 하고 싶은 일이었다.

단, 인턴팀장 1년 계약직.

1년 뒤 정규직 전환 가능.

'가능'이라는 말이 조금 걸렸지만,

우리투어에서도 1년이면 누구보다 잘할 수 있었던 경험이 있기에,

자신 있었다.

게다가 검색해 보니,

인턴 1기 선배가 정규직 전환 후 본사로 발령받았다는 기사도 있었다.

절실한 마음으로 지원서를 썼다.

결과는 합격.

충청본부 면접에선 12명 중 6명이 뽑혔다.

아무래도 직군이 영업관리직이다 보니

지원자가 많지 않았다.

그리고 나중에 안 건, 힘든 일이다 보니 중도에 대부분이 그만두는 그런 업무였다.

본부장님이 입사한 신 팀장에게 말했다.

"왠지 잘할 것 같아서 뽑았어요."

아마도 우리투어에서 직장 생활을 했던 경험이 컸을 것이다.

면접에서 정장을 입지 않은 지원자도 있었고,

구두 대신 운동화를 신은 지원자도 있었다.

절반은 면접장에서 걸러졌다.

신 사원은 면접에서 최선을 다했고,

그 마음이 전달된 것 같았다.

그리고 다시 부모님과 살게 되었다.

관리비도, 식비도 들지 않았다.

30살이 되어서야 그게 얼마나 감사한 일인지 알게 됐다.

서울에서의 생활이 그것을 알려주었다.

자의든 타의든,

신 사원은 다시 부모님이 계신 계룡시에서 출퇴근하면서

대전에서 직장 생활을 하게 되었다.

고향으로 돌아왔다는 것이 너무 좋았다.

11.
인턴 신 팀장 이야기
_교육 회사

입사 후 신입사원으로 2주간 교육을 받았다.

교육장 단상에는 '생각학습지' 로고가 큼지막하게 걸려 있었다.

거기 앉아 교육을 듣고 있다는 사실만으로도 뿌듯했다.

'그래도 이름 있는 회사에 직원으로 들어왔구나.'

조금은 자부심이 들었다.

여기서는 나를 '팀장님'이라 불렀다.

전 회사에서는 상상도 못 하던 호칭이었다.

영업조직의 특성상, 관리직은 대부분 '팀장'이라 불렸다.

처음에는 어색했지만, 곧 익숙해졌다.

교육은 대전역 근처 선화동에 있는 생각학습지 충청본부에서 이루어졌다.

2주간의 교육이 끝나고, 각 지점으로 배치받을 시기가 왔다.

본부장님이 6명의 인턴팀장을 불러, 한 명씩 희망 근무지를 물었다.

청주에 사는 한 명을 제외하곤 모두 대전 거주자.

그래서 5명은 대전을 희망했다.

신 팀장은 계룡에 살고 있었기 때문에 청주만 아니면 출퇴근이 가능했다.

계룡에도 지점이 있었지만, 1인 지국장 체제로 운영되기 때문에 팀장 직함으로

갈 수 없었다.

그래서 신 팀장은 눈치껏 세종을 희망했다.

대전이라 말하면 추후 청주로도 밀릴 수 있었기 때문이다.

자취는 금전적으로도, 체력적으로도 여유가 없었다.

결국 세종지점으로 배정됐다.

다른 인턴팀장들도 최대한 고려된 배치를 받았지만,

한 명은 대전에서 청주까지 매일 왕복 1시간 30분을 출퇴근해야 했다.

계룡에서 세종까지는 차로 40분 거리.

세종의 '첫마을'이라는 아파트 단지는 1단지부터 7단지까지

아파트 단지가 이어졌고,

지점은 5단지 상가 건물 2층에 있었다.

인턴팀장의 역할은 선생님 역할과 지국장 보조 역할을 병행하는
것이었다.

'선생님 역할'이란 학습지를 들고 가정집을 방문해
유아, 초등학생을 가르치는 일.

그리고 '인턴팀장 역할'은 매주 월요일과 목요일 오전 회의 진행 보조,
현장 관리 등.

비중은 선생님 업무 80%, 팀장 업무 20%였다.

신 팀장은 학습지 수업도 하고, 아침마다 쓰레기통 정리도 했다.

지국장님은 '휴지통을 계속해서 사용할 수 있게 휴지를 잘 밟는다'며
칭찬해 주셨다.

처음엔 낯선 집에 방문해 수업하고,
어머님들께 피드백 주는 게 어색했지만,
3개월쯤 지나자 익숙해졌다.

열다섯 집을 하루에 방문하려면 시간 관리가 중요했다.

늦어질 땐 정확한 시간 예고 문자를 드렸고,
그런 배려 하나로 불만은 없었다.

고객은 생각보다 합리적이었다.

신 팀장은 군 시절 전차 조교를 했었기에,
아이들을 가르치는 일이 어렵지 않았다.

가장 힘든 점은 회식 다음 날에도 열다섯 곳을 돌아야 한다는 것이었다.

또 하나, 학습지 회사는 교육 회사인 동시에 영업 회사였다.

즉, 과목 수를 늘리는 것이 업무 실적이었다.

어머님들을 설득하는 과정은 쉽지 않았지만,

아이에게 필요하다고 생각되는 과목을 솔직히 설명했다.

신 팀장은 과목을 대폭 늘리진 못했지만,

줄지도 않았다. 관리를 잘한 것이다.

세종 맘카페에선 '잘 가르치는 남자 선생님'으로 6번이나 언급됐다.

동료 선생님들도 늘 칭찬해 줬고,

지국장님도 흐뭇해하셨다.

그래도 회사 입장에서는 '과목 수 늘리기'가 최우선이었다.

당연한 일이다.

회사는 이윤을 추구해야 하니까.

신 팀장은 오전 9시 출근, 밤 10시 수업 종료.

집에 돌아가면 밤 11시.

주말엔 교재 공부.

반복되다 보니 익숙해졌지만,

체력적으로 점점 힘들어졌다.

1년이 되어가자 전국 60명 중 절반이 퇴사했다.

신 팀장은 남았다.

퇴근 후, 지국장님께 전화를 걸었다.

"국장님, 다음 달이면 제가 딱 1년이 되는데요.

정규직 팀장으로 전환되고 싶습니다.

된다면 이 지국에서 계속 일하고 싶어요."

안 지국장님은 충청본부에서도 최고 성과를 내는 분이었다.

그래서 어렵지만 부탁을 드렸다.

이 지국에 남겠다고도 밝혔다.

정규직은 너무 간절했다.

그 간절함은 1년간의 행동으로 증명됐다.

정확히 1년 되는 날,

신 팀장은 정규직 팀장이 되었다.

전국의 다른 동기들보다 가장 빠른 전환이었다.

그 순간, 친구들에게 숨겼던 계약직이란 꼬리표가 벗겨졌다.

혼자 군산 당일치기 여행으로 위로하던 날들도 있었고,

친구와 연락을 일부러 하지 않은 시간도 있었다.

이 나이에 계약직이라는 부끄러움 때문이다.

그 모든 시간이, 결국 정규직이란 세 글자로 보상받았다.

12. 신 팀장 이야기
_교육 회사

신 팀장은 31살이 되어 드디어 정규직이 되었다.

두 번의 계약직 생활을 거치며 정규직이라는 단어가 얼마나

간절했는지를 누구보다 잘 알고 있었다.

그만큼 회사에 대한 감사함도 컸다.

정규직 팀장이 되었지만, 업무 자체는 크게 바뀌지 않았다.

오전에는 선생님들을 관리했다.

월요일과 목요일 오전에는 지국장님의 교육을 보좌했고,

그 후엔 팀 회의를 진행하고 선생님들과 개별 면담도 했다.

다른 요일엔 전화나 카톡으로 선생님들 컨디션을

체크하고 필요한 자료를 전달했다.

하지만 여전히 선생님 수는 부족했기 때문에,

오후 수업은 당연히 신 팀장의 몫이었다.

달라진 게 있다면, 실적에 대한 압박이 훨씬 더 커졌다는 것이다.

인턴일 때는 선생님 역할이 중심이었다면,

이제는 선생님들을 실적으로 리드해야 했다.

모든 영업이 그렇듯, 더 이상 성과를 낼 것이 없어도 실적은 내야 했다.

그럴 때면 고참 선생님이 말했다.

"이럴 땐, 처음부터 다시 시작해야 돼요."

그래서 우리 팀은 청소부터 다시 시작했다.

그리고 학생 한 명 한 명을 점검했고, 부족한 과목은 없는지 다시 살폈다.

홍보 전단지를 출력해 아파트 동마다 붙였다.

엘리베이터가 아닌, 가장 높은 층부터 걸어서 내려오며

집 앞에 직접 전단지를 붙였다.

경비실에서 연락이 와 "수거해 가라"고 했던 날도 있었다.

안 지국장님은 업무를 정말 잘하셨다.

충청본부 내에서도 실적 1위를 자주 하셨다.

때론 그 실적에 대한 압박이 너무 커서 신 팀장이 버겁기도 했다.

하지만 배울 점이 더 많았다.

안 지국장님은 자주 말했다.

"선생님들이랑 꼭 점심 먹고, 커피 한 잔이라도 같이 해요."

신 팀장은 왜 그러는지 몰랐지만, 시키니까 그냥 했다.

그러다 어느 날 깨달았다.

같이 밥을 먹고 커피를 마시면 업무 외적인 이야기들이 오가고,

그러다 보면 인간적인 신뢰가 생기고,

그 신뢰는 결국 업무 성과로 이어진다는 걸.

신 팀장은 회사 생활을 하면서

인생의 중요한 팁들을 하나씩 배워 가고 있었다.

이후 박사가 되었을 때도, 이 원칙은 지키고자 노력하게 된다.

팀장이 된 이후 안 지국장님과의 업무는 훨씬 더 힘들어져 갔다.

같은 시기에 입사한 김 팀장님은 워낙 잘해서, 늘 비교가 되었다.

영업은 결국 실적이고, 실적은 숫자였다.

신 팀장은 집중하고 또 집중했지만, 늘 아쉬운 숫자였다.

그래도 안 지국장님과 오랜 시간 함께한 덕에 스타일에는 익숙해졌다.

그런데 세종지점이 실적이 좋아 분점을 내게 되었다.

그 과정에서 두 명의 팀장 중 한 명은 북부지국으로 이동해야 했고,

신 팀장이 새로 생기는 북부지국으로 가게 되었다.

김 팀장이 워낙 실적이 좋았기 때문이다.

세종북부지국은 기존처럼 40명의 선생님이 있는 조직이 아니었다.

지국장님, 신 팀장, 그리고 선생님 세 분.

작은 시작이었다.

다행히 본사에서 오신 정 지국장님은

실적에 대한 스트레스를 거의 주시지 않았다.

새로 아파트가 올라가는 지역이라

할 일이 너무 많아 몸은 바빴지만, 마음은 편했다.

업무가 힘든 건 일이 아니라, 사람 때문이라는 걸 실감했다.

하지만 생각해 보면 가족은 평생 함께하지만, 직장 사람은 그렇지 않다.

그래서 신 팀장은 안 지국장님과 계속 일을 하지 않게 되었고

새로운 지국장님과 일하고 있는 것이다.

어려움도 언젠가는 다 지나간다.

그리고 생각하면 그래서 평생 함께하는 가족들에게는 잘해야 한다.

세종북부지국은 아파트에 둘러싸인 상가에 있었다.

초등 학원도 함께 운영했다.

방문 수업 갔다가 학원 수업도 하고, 다시 수업을 나가면

실제 영업 업무는 거의 하지 못했다.

하지만 주변에 새 아파트가 들어서고 있었고,

교육 환경이 부족해 학습 문의 전화가 매주 쏟아졌다.

운이 좋았다. 실적도 매우 좋았다.

'운칠기삼'이라는 말이 있다.

운이 7할이고, 재주가 3할이라는 뜻.

영업도 마찬가지였다.

좋은 지역이 7할이고, 나머지가 노력.

하지만 지금 이 환경에 올 수 있었던 건,

입사 초부터 남들보다 많이 배우고, 많이 뛰었기 때문이다.

수업도 많았고, 신규 지역 개척도 많았기에 빠르게 성장할 수 있었다.

신 팀장의 실적은 전국 400명 팀장 중 다섯 손가락 안에 들었다.

상위 1%였다.

아직도 매일 밤 10시에 수업을 마치고, 11시에 귀가했다.

체력적으로는 한계였지만,

매월 영업 수상을 하는 기쁨이 모든 피로를 잊게 했다.

정 지국장님은 모든 권한을 신 팀장에게 위임하셨다.

선생님 관리, 교육 진행, 내부 운영 모두 맡겼다.

신 팀장은 혼자서 지국 하나를 운영할 수 있을 만큼 성장해 있었다.

정 지국장님은 자주 말했다.

"신 팀장도 곧 국장 돼야 해."

좋은 지국장님이셨다.

그리고 정말, 인턴팀장으로 입사 후 2년 6개월 만에 지국장이 되었다.

충청본부에서 가장 작은 지국이었지만,

1기부터 시작된 인턴팀장들 중 가장 먼저 국장이 되었다.

당시 10기 인턴팀장들이 함께 일하고 있었던 시기였다.

부담은 있었지만,

발령받은 곳이 계룡시라 출퇴근도 용이했고,

무엇보다 인턴팀장 출신으로 첫 지국장이 되었다는 것 자체가 의미 있었다.

혹시 못해도 잃을 게 없다는 마인드였다.

그러나 잘하고 싶었다.

기회를 주신 분들에게 보답하고 싶었다.

신 팀장은 '자리가 사람을 만든다'고 믿는다.

맡겨 주면, 해낼 수 있다.

걱정이나 우려를 보이는 것 자체가 신 팀장에게 준 신뢰에 대한 예의가 아니라고 생각했다.

그래서 기회가 오면 무조건 자신 있게 대답했다.

"잘하겠습니다."

그게, 믿어 주는 사람에게 그리고 월급 받는 사람으로서의 기본 태도였다.

13.
신 국장 이야기
_교육 회사

계룡시 지국장이 되었다.

팀장 1명과 선생님 9명을 관리하는 업무였다.

물론, 선생님들께서 가기 어려운 외딴곳 수업은 신 국장이 아직도 직접 나섰다.

같이 일하는 충청본부의 박 국장님의 말이 떠올랐다.

"답은 현장에 있다."

직접 수업을 하다 보면 선생님들의 고충,

학부모님들의 니즈와 트렌드를 이해하게 된다.

관리자들은 종종 시키는 데 익숙하지만,

직접 현장을 경험하면 누군가에게 주는 조언 하나에도 무게가 실린다.

계룡지국은 대전본부(충청본부가 분할되었다) 15개 조직 중 거의 하위권이었다.

인구 4만의 작은 도시.

국방의 도시로 공무원 전출입이 조금 있었지만, 변화가 적은 곳이었다.

영업하기엔 쉽지 않은 조건이었다.

신 국장은 예전부터 늘 생각했다.

'현재의 나는 대단한 사람이 아니야.'

'기존의 무언가를 바꾸긴 어렵겠지.'

하지만 만약 누군가를 관리할 수 있는 위치에 선다면,

그때는 내가 바꾸겠다고 결심했었다.

신 국장은 매일 오후 6시에 정시 퇴근했다.

그래야 함께 일하는 팀장님도 퇴근할 수 있고,

그래야 이들이 업무에 만족을 느끼고

장기적으로 계속해서 일할 수 있을 거라 믿었다.

그리고 팀장님이 지국장이 되어 다시 이를 행동하면

대전본부의 걱정인 직원 이탈을 조금이라도 줄일 수 있을 거라 생각했다.

그만큼 일은 업무 시간에 집중해야 한다.

신 국장은 선생님들에게는 영업적인 푸시를 자제했다.

과거 본인도 과도한 압박에 퇴사를 고민했던 경험이 있었기 때문이다.

(그리고 훗날 이 경험은 직무 스트레스에 관한 박사 논문의 주제가 되었다.)

신 국장은 특별한 능력이 있던 사람이 아니었다.

그래서 처음 6개월은 여전히 하위권이었다.

무언가 전환이 필요했다.

먼저, 선생님들의 인당 관리 과목 수가 지나치게 많다는 걸 확인했다.

그만큼 학생 관리의 질이 떨어질 수밖에 없었다.

그래서 선생님 채용을 시작했다.

물론, 수업이 줄어드는 기존 선생님들에게 반가운 일은 아니었다.

학습지의 선생님들은 과목 수로 급여가 측정된다.

하지만 과중한 수업량에 지친 선생님들에게는 환영받았다.

채용은 쉽지 않았지만, 계속 시도했다.

그러던 중, 본사에서 공부방 선생님을 채용하면

지국 운영비 100만 원을 지원하는 프로모션이 공유가 되었다.

이 돈으로 선생님들에게 성과 프로모션을 하면,

신규 학생 유입은 물론, 공부방이라는 공간을 확보해 또 다른

영업 루트를 마련할 수 있었다.

신 국장은 즉시 행동했다.

공부방 선생님 모집 전단지를 만들어

계룡의 아파트 단지 곳곳에 직접 붙였다.

그 결과, 2달 안에 세 명의 공부방 선생님을 채용할 수 있었고
계룡시에 총 세 개의 공부방을 오픈할 수 있었다.
이후 자연스럽게 공부방으로 신규 학생이 유입되기 시작했다.
이를 통해 6개월 연속 대전본부 실적 1위.
업무는 오히려 단순해졌다.
잘되는 팀은 관리자가 할 일이 없다.
함께 일하는 선생님들께 감사하다는 말을 전하는 것 외엔 할 일이 없었다.
신 국장의 지국 슬로건은 '최고의 혁신은 실천이다'였다.
본사 프로모션을 보고 바로 움직였고,
행동이 결과로 이어졌다.
실패했을 수도 있었다.
하지만 잃을 것도 없었다.
다만, 행동으로 옮긴다는 건 누구나 귀찮을 뿐이었다.
조직 안에서 '우리 회사 왜 이래?'라는 생각은 도움이 되지 않는다.
'내가 바꾸자'는 마음이 있다면,
그건 더 바꿀 수 있는 높은 자리에서 올라가 직접 실현하면 된다.
이때쯤 신 국장은 우리여행사에서 정 대리님의 이야기를 듣고
본인이 생각한 것이 떠올랐다.

"나도 언젠가 대학원에 다닐 거야."

그 생각처럼, 무작정 대학원을 가기로 결심하였고,

계룡지국에서 근무하면서 대전의 위치한 대학교 MBA 과정에 진학했다.

직장인들 중심의 과정이었고,

총무 역할을 맡으며 많은 원우들과 소통할 수 있었다.

직장 선배들과 이야기하며 조언을 얻었고,

실제 업무에도 큰 도움이 되었다.

근데 학교를 다니면서 공부하다 보니 부러운 것이 하나 있었다.

대기업, 공기업을 다니는 원우들이 부러운 것이다.

신 국장은 이 또한 행동으로 옮겼다.

졸업 후 이직을 위해 대기업, 공기업으로 이력서를 넣었다.

하지만 모두 탈락.

이유는 분명했다.

회사는 학력이 아니라, 필요한 직무 경험을 우선 보기 때문이다.

그리고 신 국장 본인도 간절하지는 않았던 것 같다.

그때 읽은 책, 『세이노의 가르침』이 떠올랐다.

'대학원은 자기발전과 자기만족을 위한 곳이다.'

그래서 다시 결심했다.

학교를 다녀서 인생의 성과를 내려면, 박사까지 가야겠다고.

박사과정이 있어야만 이력서에 담을 결과물이 생긴다고 믿었다.

대학원에 다니는 중간, 함께 일하자는 제안을 해 주신 원우분들도 있었다.

신 국장은 기대했지만, 결과적으로 성사되지 않았다.

기대하면 실망한다는 걸 배웠다.

이후로는, 누구에게도 기대하지 않는다.

가족을 제외하고는.

기댈 수 있는 유일한 존재는 가족이다.

그래서 가족에게 늘 감사하다.

공부방을 오픈하면서 좋았던 지국 실적은 시간이 지나면서 다시 좋지 않아졌다.

6개월을 제외하고는 늘 하위권이었다.

거기다 또 하나의 어려움이 있었다.

고참 선생님 한 분이 신 국장을 곱게 보지 않으셨다.

교육 중에도 항상 부정적인 말씀을 하셨고,

관리가 쉽지 않았다.

너무 힘들어, 다른 고참 선생님께 물었다.

"왜 저 선생님은 저한테 그렇게 하시는 걸까요?"

그분이 대답했다.

"국장님, 나이가 많다고 다 인자하고 이해심 많은 건 아니에요."

그 말을 듣고 마음이 정리됐다.

'내가 부족하고 틀린 게 아닐 수도 있구나.'

'내가 소신을 가지고 진정성 있게 가면 되겠다.'

'내가 그만두든, 그분이 그만두든, 나는 내 길을 가야 한다.'

그리고 또 한편으로 속으로는 생각했다.

'지금의 정규직,

지국장이라는 이 좋은 자리를 준 생각학습지를 절대 떠나지 않겠다.'

절실하게 그렇게 믿고 독하게 업무에 임했다.

신 국장도 독하게 세게 나가니, 자연스럽게 문제도 누그러졌다.

적대적이던 선생님의 분위기가 서서히 사라졌다.

신 국장은 계룡지국에서 약 3년간 근무하면서

실적에 대한 어려움을 항상 겪고 있었다.

그러다가 생각학습지 사내벤처인 '펀초이스' 사업팀에 지원했다.

본부장님의 지속적인 성과 압박에서 벗어나고 싶었고,

조금 더 유연한 분위기에서 일하고 싶었다.

'펀초이스'는 유아와 초등학생이 놀러 갈 수 있는 장소를 추천해 주는

앱이었다.

지금은 100만 다운로드를 돌파한 앱이다.

스타트업 분위기의 부서였고,

업무도 즐겁고 분위기도 유연했다.

그리고 펀초이스는 생각학습지에서 분사를 했다.

그래서 결과적으로 신 국장은 펀초이스 회사로 이직하게 되었다.

14. 신 대리 이야기
_유·초등 관련 스타트업

펀초이스 사업부가 생각학습지에서 분사하면서,

신 국장은 다시 '신 사원'이 되었다.

사원에서 새롭게 시작하는 것이 아쉬울 수 있었지만,

영업 실적에 따라 급여가 바뀌는 구조에서 벗어나

예측 가능한 급여를 받는 건 무엇보다도 소중했다.

그리고 분사한 지 얼마 지나지 않아,

신 사원은 '신 대리'가 되었다.

생각학습지에서의 성과와 경력을 인정받은 결과였다.

신 대리는 대전에서 혼자 근무했다.

급여 수준은 쌍둥이 형과 비교하면 차이는 좀 있었지만

지방에서 살기에는 그래도 적당한 수준이었다.

무엇보다 박사과정이라는 중요한 목표가 있었기 때문에,

업무 외 시간에 오롯이 학업에 집중할 수 있다는 점이

신 대리에게는 결정적인 이점이었다.

펀초이스에서 신 대리는

충청도와 전라도 지역 제휴영업 업무를 담당했다.

배달앱이 배달 가게들을 앱으로 입점시키듯이,

신 대리는 펀초이스에서 키즈카페, 체육센터, 공방 같은

유아 체험형 공간을 입점시키는 역할이었다.

한 달 목표는 20건 정도의 제휴.

이 정도면 회사에도 기여하고,

신 대리 본인도 밥값을 하는 수준이었다.

처음엔 시행착오도 있었다.

하지만 프로세스를 익히고 나서는 어렵지 않았다.

주 5일 중 2~3일은 출장이었다.

대전, 청주는 물론이고 멀게는 목포까지 다녀왔다.

출장을 다니다 보면 일이라는 생각보다는

마치 여행하는 듯한 기분도 들었다.

그리고 문득, 떠오른 생각 하나.

"이거, 예전에 여행사 다닐 때랑 비슷한데?"

그때는 해외여행 업무,

지금은 국내 체험 제휴 업무.

업무의 방향은 다르지만,

사람을 만나고 장소를 연결하는 방식은 닮아 있었다.

심지어 펀초이스 본사에서

대형 여행사와 제휴 기획을 논의할 때,

신 대리는 옛 직장 동료였던 김 대리님에게 전화를 걸었다.

"형, 그때 우리가 했던 상품 중에…."

그렇게 다시 김 대리님과 연결되었다.

삶에서 버리는 경험은 없다는 걸 다시 한번 느꼈다.

업무 자체는 복잡하지 않았다.

네이버에서 업체를 검색하고,

전화를 돌려 미팅 일정을 잡고,

방문해서 제휴를 논의하는 방식.

처음엔 마케팅 전화로 오해받아 끊기는 일이 많았다.

하지만 '전화멘트'를 정교하게 다듬자,

미팅도 제휴도 수월해졌다.

특히 수수료 없는 구조였기 때문에,

직접 만나서 설명만 하면 긍정적인 반응이 많았다.

신 대리는 하루에 많게는 10곳까지 미팅을 다녔다.

생각학습지 방문 선생님 역할을 했던 시절,

하루 스케줄을 조밀하게 짜고 열다섯 곳을 다녔던 경험이

큰 도움이 되었다.

제휴 업무도 결국 사람을 만나고 설득하는 일.

8년의 현장 경험이 고스란히 녹아든 셈이었다.

회사 입장에서도,

신입보다 경력직이 리스크가 적었다. 그래서 신 대리를 채용했던

것이다.

펀초이스에서 신 대리는 대학원 박사과정을 다니면서

학업에도 집중할 수 있었다.

퇴근 후엔 곧장 학교로 향했다.

오후 7시 수업 참석, 혹은 연구실에서 논문 작업.

주말엔 늘 학교에 나가 공부했다.

논문은 교수님의 피드백을 받고 수정하고,

다시 연구하는 반복의 과정.

뭔가 대학원을 다니면서 아웃풋을 내고는 싶었지만

너무 막연했다.

그리고 꼭 박사를 졸업해서 이직을 하겠다는 건 아니었다.

대기업, 공기업 이직은 쉽지 않은 걸 알고 있었다.

'언젠가 시의원 선거에 나가면,

학위 한 줄은 있어야 하지 않을까?'

그 정도의 생각이었다.

중간에 포기하게 되더라도

잃을 건 많지 않았다.

국립대 수업료와 시간 정도.

그래서 신 대리는 박사과정 진행은 '지지 않는 선택'이라고 생각했다.

편초이스 업무는 만족스러웠다.

무엇보다 팀 분위기가 좋았다.

이사님, 팀장님, 팀원들까지.

물론 그건, 본인의 업무를 잘 해냈기 때문이기도 했다.

하지만, 1년 반이 지난 어느 날.

회사에 변화가 찾아왔다.

이사님과 팀장님이 새로운 앱을 창업하신다며 퇴사했고,

회사의 분위기가 달라졌다.

지방 인력은 필요하지 않다는 말이 들려오기 시작했다.

대전과 부산,

두 명의 지역 담당자 중,

부산은 유지되었고,

대전은 불필요한 인력으로 분류되었다.

신 대리가 이미 많은 제휴를 마쳐 두었기에

역할이 사라진 것이다.

다행히도,

퇴사하신 팀장님께서 새로운 회사로의 이직을 제안해 주셨다.

더 나은 조건이었다.

신 대리는 감사한 마음으로 이직했다.

그동안 이사님과 팀장님 덕분에

안정적으로 일할 수 있었던 것인데

그들이 떠나고 나니,

신 대리의 회사 내 입지도 같이 줄어든 것이다.

막상 떠나려고 하니 아쉬움보다는 2년 가까이 함께했던

펀초이스 회사가 낯설게 느껴졌다.

내가 더 이상 필요 없다는 느낌을 받아서일까.

팀장님의 이직 제안은 어쩌면 어쩔 수 없는 생존을 위한

당연한 선택이었다.

새로운 회사에서는

'사람'이 아닌 '반려견'을 위한 제휴 업무를 했다.

주체만 바뀌었을 뿐,

하는 일은 같았다.

박사 논문을 마무리하던 시기였기에

이직은 불가피한 선택이었다.

신 대리는 펀초이스와 비슷한 업무 환경에서 일하면서

퇴근하고는 계속해서 공부해야만 했다.

조건이 더 나아지는 '전진'의 이직이기도 했다.

다만,

이제는 '생각그룹'이라는 중견 그룹 브랜드가 없다.

그동안 생계를 유지해 주고,

공부도 하게 해 주고,

내 집 마련도 가능하게 해 줬던

'생각그룹' 회사에 대해 진심으로 감사했다.

그리고 이직한 회사의 이름은

'댕라이프'였다.

'펀초이스'처럼,

네 글자짜리 앱 서비스 이름.

펀초이스 이사님이 댕라이프 대표가 되어 만든 새 회사였다.

이름에서의 느낌이 당연히 비슷했다.

이렇게 신 대리의 제휴 업무는 이어졌고,

스타트업에서의 생활은 계속됐다.

15. 신 매니저 이야기
_반려견 관련 스타트업

댕라이프는 그야말로 스타트업이었다.

펀초이스는 생각그룹에서 분사한 조직이기에

생각그룹의 시스템을 어느 정도 따랐지만,

댕라이프는 완전히 새로운 분위기였다.

펀초이스가 업무 자유도가 상당히 높았지만, 여기는 그보다 더했다.

그리고 신 대리는 이제 '신매니저'가 되었다.

그전에도 호칭은 매니저였지만, 서류상으로는 대리였던 신 대리는

이제 진짜 서류상으로도 '매니저'가 되었다.

승진을 했다거나 그런 건 아니었다. 요즘 모두 매니저라는 직함으로

통하는 추세의 일환이었다.

업무는 크게 달라지지 않았다.

다만 이제 영유아 체험이 아니라 반려견의 체험.

아이를 키우는 부모의 마음과,

반려견을 키우는 견주의 마음은 비슷했다.

대상만 바뀌었지 본질은 같았다.

변화가 있다면 사무실.

전에는 대전에서 생각그룹사 건물의 단독 사무실에서 근무를 했다면

이제는 공유 오피스로 이동해야 했다.

대전에서 공간을 찾으려 했지만,

가격 대비 만족스러운 곳이 없었다.

결국 고향인 계룡시의 유일한 공유 오피스로 들어갔다.

출근 시간 5분.

이보다 더 좋은 조건이 있을까.

삶의 만족도는 자연히 높아졌다.

신 매니저는 이 장점을 십분 활용했다.

업무 후에는 곧장 학위 논문에 집중했다.

출근은 여전히 오전 9시지만,

퇴근은 오후 10시였다. 업무 종료 후에는 논문을 썼다.

박사 학위는 절대적인 시간이 필요한 일이었다.

목표는 단순했다.

"일단 학위를 받자."

그래서 그 시간 안에 업무도, 공부도 최대한 밀도 있게 했다.

무엇보다 서울 본사에서 보기에

혼자 일하는 신 매니저가 업무에 구멍이 생기면 곤란했다.

그래서 실적 관리에 더 힘을 쏟았다.

하지만 어려움도 있었다.

펀초이스에서 함께 온 손 매니저는 말했다.

"전보다 더 어렵다."

실제로도 제휴 영업하는 데 어려움이 있었다.

이전에는 "생각학습지인데요"라는 브랜드로 접근했다면,

지금은 "댕라이프입니다"라 하면 곧바로 전화를 끊는 경우가 많았다.

전화 멘트를 다듬기 시작했다.

먼저 "혹시 반려견 체험도 하시나요?"라고 묻는다.

그러면 "그럼요, 하고 있어요"라는 대답이 돌아온다.

그 뒤엔 자연스럽게 연결된다.

"저희가 운영하는 기업 내 회원들에게 5만 원 쿠폰을 지급하고

있는데요.

사용처를 찾고 있어서 연락드렸어요."

이렇게 하니 미팅은 어렵지 않게 잡혔다.

제휴까지도 수월했다.

5만 원 쿠폰을 받고,

결제 수수료는 카드 수수료와 비슷한 3.5%라고

설명을 잘하면 사장님들은 대부분 이해했다.

없는 말을 한 건 아니었다.

다만 좋은 부분을 강조해서 말했을 뿐이다.

제휴 영업이 전보다 조금 어려워졌지만,

신 매니저에겐 이미 제휴 영업 노하우가 있었다.

함께 일하는 신입 매니저 중에도 타고난 이들이 있었다.

신 매니저보다 많은 제휴처를 확보하고,

출장 숙소에 먼저 도착해 쉬고 있던 그 친구.

그 능력은 지금도 궁금하다.

운동선수처럼,

부모에게 물려받은 DNA 같기도 했다.

댕라이프 제휴 영업의 하루 업무를 마치면,

신 매니저는 박사 논문에 몰입했다.

저녁은 간단히 컵라면 하나.

배가 부르면 8시쯤 졸려서 공부에 집중에 되지 않았기 때문이다.

밤 10시, 논문 마무리.

그리고 집까지는 10분 거리를 산책한다는 느낌으로 퇴근했다.

가끔은 조금 더 긴 동선으로 퇴근했는데

아파트 단지를 두 바퀴 돌며 생각했다.

"논문은 어떻게 써야 하지?"

"내일 출장은 몇 시에 출발하지?"

"아, 힘들다. 그래도 지금 이 걷는 시간이 참 좋다."

이런저런 생각을 하며 퇴근하는

6개월의 시간이 흘렀다.

박사 학위 발표는 세 번에 걸쳐 진행됐다.

피드백 받고 수정하고,

또 피드백 받고 다듬고.

논문을 심사해 주시는 교수님들께는 정성껏 다과를 준비했다.

감사 인사를 담은 작은 메모까지 박스에 붙였다.

그만큼 간절했다.

논문을 패스한 후 졸업을 했다. 졸업식은 8월이었다.

가운을 입고,

학사모를 쓰고,

가족과 사진을 찍었다.

부모님, 조카를 포함한 누나네 가족, 쌍둥이 형까지 모두 함께.

신 매니저는 만족했다.

더 기뻤던 건 부모님이 진심으로 기뻐하신 그 모습이었다.

논문을 마친 회사 생활도 즐거웠다.

주말엔 등산도 할 수 있었고,

친구들과 저녁도 마음 편히 먹을 수 있었다.

그야말로 평일에는 일하고 주말에는 오롯이 인생을 즐겼다.

하지만 12월에 서울 본사에서 연락이 왔다.

"지방 근무 직원도 모두 서울로 올라오세요."

연말 단합 행사인 줄 알았다.

하지만 분위기는 달랐다.

대표님이 말했다.

"이제 우리 회사를 정리하기로 했습니다."

40여 명의 직원은 모두 멍한 표정이었다.

1개월 내에 회사를 정리하기로 했고,

2개월치 급여와 함께 모두 퇴사를 해야만 했다.

신 매니저도 멍했다.

벤처 투자가 어렵다는 뉴스는 봤지만,

뉴스에서 벌어지는 일이 지방에 사는 평범한 직장인인

자신의 일이 될 줄은 몰랐다.

다시 실업자가 되어야 했다.

신 매니저는 생각했다.

'생각그룹에 계속 있었으면 어땠을까?'

하지만 생각그룹도 펀초이스 충청영업사무소를 정리하고 있었기에

때문에

계속 있었어도 비슷한 상황이 발생했었을 것이다. 속도는 달랐겠지만.

9개월 정도 일하고의 권고사직. 이 또한 신 매니저의 운명이었다.

권고사직이라는 대표님 발표를 듣고 여러 가지 생각이 들었다.

'실업급여를 받을 수 있을까?'

'백수 생활 중 길게 여행을 갈까?'

'다시 취업하면 영업직으로 가야 하나?'

'아니면 원래 생각했던 박사 학위를 살려서 취업을 해야 하나?'

여러 생각이 머리를 스쳤다.

그리고 발표를 듣고 나서 함께 일하는 제휴영업팀과 마지막 회식을 했다.

그동안 웃고 즐기던 회식과는 달랐다.

모두 조용했다.

"이참에 좀 쉴 수 있겠네요."

신 매니저는 담담하게 말했다.

"신 매니저, 나는 가족이 있어서 걱정이 많이 돼."

동갑이자 팀 동료였던 에이스 이 매니저의 말이었다.

이 매니저는 결혼을 했고, 아이도 있었다.

그리고 몇 년 후 이야기를 하자면,

이 매니저는 좋은 조건으로 이직을 거듭했고,

지금은 팀장으로 일하고 있다.

업무에 진심이었던 사람이었다.

존경할 만한 동료였다.

신 매니저는 그날의 회식이 끝나고, 2주 안에 업무를 정리했다.

퇴직금과 위로금을 받았다.

즐겁지만은 않았다.

38살,

두 번째 실업자.

이번엔 자의가 아닌 타의였다.

백수.

앞으로 어떻게 살아야 할지,

이제는 결정해야 했다.

16.
취준생 이야기
_두 번째

신 매니저는 더 이상 매니저가 아니었다.

구직자였다. 백수였다.

30대 후반에 실직을 한다는 건. 생각보다 심리적으로 많이 힘들었다.

실업급여를 받을 수 있었지만 빨리 취업하고 싶었다.

20대 후반에 퇴사하고 가졌던 제주도 여행은 이제는 사치였다.

그런 생각은 전혀 들지 않았다.

그래도 회사에서는 감사하게도 한 달의 시간은 일을 하지 않아도

월급을 주었다.

이때는 서류상으로는 아직 백수가 아니었다.

다만 공유 오피스는 바로 정리됐고, 출근할 사무실도 없었다.

하지만 신분은 아직 댕라이프 직원이었다.

신 매니저는 알고 있었다. 회사 소속 없이 구직 활동을 하면 그만큼 구직자로서의 매력도는 떨어진다는 걸.

어느 날, 대전역으로 가기 위해 버스를 타고 있었다.

신 매니저는 당연히 출근하는 사람의 복장은 아니었다. 평범한 옷차림이었다.

관저동쯤에서 한 남성이 탔다. 50대쯤 되어 보였다.

서류 가방을 들고 있었다. 정장 차림은 아니었지만,

분명 출근하는 복장이었다.

자리에 앉는 그의 모습이 괜히 멋있어 보였다.

나는 지금 백수인데, 그는 50대임에도 출근 중이었다.

그 모습이 부러웠다.

쌍둥이 형 생각도 났다. 쌍둥이 형은 얼마 전 대기업을 그만두고 증권사로 이직을 준비했었다.

증권사 최종 면접만을 남기고 먼저 회사를 그만둔 것이었다.

하지만 금융시장의 시장 변화로 면접 일정이 계속 미뤄졌다.

그러다 결국 면접은 무산됐고 그 이후 6개월 동안 형도 백수 생활을 했다.

그때 옆에서 지켜봤던 기억이 떠올랐다.

신 매니저는 서울에서 권고사직 통보를 받은 다음 날부터 이력서를 쓰기 시작했다.

이번에는 사기업이 아닌 공공기관만 지원하기로 했다.

우선 박사 학위도 있으니 박사급 업무에 지원했다.

예전에도 댕라이프를 다니면서 박사 연구원 직무에 최종 면접까지 간 적이 있어

어느 정도 자신감은 있었다.

하지만 결과는 모두 서류 탈락.

최종 면접까지 갔던 그 기관의 지원자가 너무 적었던 상황이라

최종 면접까지는 갔던 것이었다.

박사급 업무는 최종적으로 부적합자는 절대 채용하지 않는다.

관련 업무가 필히 필요하다.

이번엔 석사급으로 눈높이를 낮췄다. 계약직, 정규직 가리지 않고 모두 지원했다.

결과는 똑같았다. 모두 서류 탈락이었다.

운이 없었던 게 아니었다. 구직 매력도가 떨어졌던 것이다.

아니 매력도 자체가 없었다.

사기업은 경력직을 선호하는데 공공기관은 더 철저했다.

그래서 눈높이를 더 낮춰서 학사 이상급으로도 지원했다.

계약직, 정규직 모두 다 떨어졌다.

절망감이 몰려왔다.

공공기관은 정규직으로 들어가려면 필기시험이 필수였다.

하지만 필기시험도 보았지만 점수는 합격선과 너무 멀었다.

일주일 준비로는 어림도 없었다. 최소 1년은 필기시험 준비를 해야 했다.

이제는 공공기관만이 아닌 기존에 수행한 업무였던

스타트업 제휴 영업까지 포함해 모든 곳에 이력서를 넣었다.

그래도 다 탈락이었다.

마지막 희망은 생각학습지였다. 안 지국장님께 전화를 드렸다.

긍정적인 말씀을 해 주셨다. 하지만 채용 결정은 회사의 몫이었다.

그래도 희망이 생겼다. '알아볼게' 그 한마디가 큰 위로가 됐다.

그리고 이와 함께 박사 지도교수님을 찾아갔다.

학교에서 논문을 쓸 수 있도록 공부할 수 있는 자리 하나를 부탁드렸다.

할 수 있는 게 없었기 때문에 무언가라도 해야 했다.

지금의 계획으로는 전에 최종 면접에서 떨어졌던

연구원의 관련 논문을 더 만들어서 내년에 지원해야겠다는 생각이었다.

너무 힘들었다. 작은 휴식이라도 필요했다.

멀리 떠날 수는 없었고, 1박 2일 짧은 여행을 계획했다.

쌍둥이 형과 친구와 함께 지리산 등산을 하기로 했다.

삼겹살도 사고, 등산 준비물을 챙기는 과정이 너무 즐거웠고 행복했다.

오랜만의 작지만 소중한 여행이었다.

정상까지 생각 없이 걷는 것만으로도 좋았다.

지리산은 예상보다 힘들었다. 한라산과는 달랐다.

처음부터 끝까지 경사였다.

첫날 목표는 대피소 도착.

도착해서 삼겹살과 밥, 상추를 꺼내 먹었다.

주머니 사정상 고기를 인터넷에서 저렴하게 사서인지 퍽퍽했지만 그래도 꿀맛이었다.

오후 6시가 되기 전이었는데, 전화가 왔다. 모르는 042 번호였다.

"여보세요."

"한국자연공사입니다."

심장이 뛰었다.

"채용 예정자가 포기해서 다음 순위이신 지원자님께 연락드렸습니다."

"2일 뒤 출근인데 가능하신가요?"

숨을 고르고 말했다.

"가능합니다."

그렇게 신 매니저는 한국자연공사 위촉연구원이 되었다.

학사급 3개월 계약직이었다.

보고서 보조 역할이었다. 그래도 감사했다.

박사 졸업자지만 학사급 업무에 지원했었다.

부끄럽다는 감정보다는 기쁨이 더 컸다.

계획이 바뀌었다. 논문을 쓰는 것이 아닌, 다시 회사에서의 업무 수행이었다.

출근할 곳이 생겼다는 것에 정말 감사했다.

갑자기 그동안 월급을 준 회사들,

건강검진까지 해 준 회사들에 대해 진심으로 고마웠다.

그리고 3개월이지만 앞으로도 월급을 받을 수 있게 되었다.

권고사직 통보 두 달 후. 신 매니저는 다시 회사로 출근하게 되었다.

누군가는 출근하기 싫다고 하지만 누군가는 감사한 일이었다.

17. 위촉직 신 연구원 이야기
_공기업

오랜만에 회사에 출근했다.

컴퓨터 앞에 앉아 있다는 사실만으로도 감사했다.

연구소에서 함께 일하는 팀원 분들은 다섯 명이었다.

수석박사님, 나이가 동갑인 박사님, 그리고 대리님과 차장님.

그리고 신 연구원이었다.

두 박사님은 계속해서 한국자연공사 연구원에서 일하시는 분이었고,

대리님과 차장님은 2년 정도 근무하시고 다른 곳으로

발령을 받으시는 순환근무였다.

입사 첫날엔 보고서 몇 개를 건네받았다.

자연과 관련된 처음 보는 내용들은 이해하기가 어려웠다.

지금까지는 영업관리 업무만 해왔기 때문이다.

그래도 읽기만 하면 되는 간단한 업무였다.

그저 업무 파악을 하는 것이었다.

영화 '인턴'이 떠올랐다. 나이 든 주인공이 재취업 후

아무 일도 맡겨지지 않고 그저 앉아 있는 장면이 떠올랐다.

신 연구원도 그랬다.

호칭은 '신 연구원'으로 불렸다. 처음이라 어색한 호칭이었다.

감사한 호칭이었지만 스스로는 좋은 호칭은 아니라는 것을 알고 있었다.

3개월 계약직 연구원

학사 위촉연구원

스스로도 본인의 위치를 잘 알고 있었다.

옆자리의 동갑 박사님은 멋있었다.

같은 나이지만 그분은 '박사님'이라 불렸다.

정규직 박사들은 모두 '박사님'. 위촉연구원들은 '연구원님'.

누구에게나 하루는 같은 24시간이지만,

누군가는 박사님이 되었고,

누군가는 권고사직을 당한 현재는 다행히 위촉연구원이었다.

그래도 감사했다.

9개월간 함께한 댕라이프에 대한 원망은 없었다.

그저 옆자리 박사님이 부러웠다.

'나도 박사니까 박사님이라 불릴 수 있지 않을까?'라는 생각은 들지 않았다.

그저 나에게 책상이 주어지는 어디라도

한곳에서 오래 일하고 싶다는 마음뿐이었다.

그래도 혹시나 공공기관에 나 같은 사람도 뽑아주겠지 싶었다.

그래서 첫 출근 날부터 이력서를 쓰기 시작했다.

친구한테 들은 미국의 일화가 생각났다.

한 청년이 국내선 비행기에서 옆자리 신사를 만났다.

"어디 가시나 봐요?"

"네, 취업해서 가는 길입니다."

"그렇군요. 다음 이직은 어디인가요?"

신 연구원은 감탄했다.

취업을 하고도 바로 다음을 준비하는 자세.

생각학습지 시절 슬로건이 떠올랐다.

'최고의 혁신은 실천이다.'

인터넷 카페 '닥치고 취업'도 떠올랐다.

그래서 신 연구원은 닥치고 행동했다.

이력서는 꾸준히 썼지만 결과는 없었다.

공공기관에 들어가는 것이 점점 어렵겠다는 것을 느끼기 시작했다.

업무는 자료 학습에서 기존 보고서를 타이핑하는 업무로 바뀌었다.

PDF로 된 보고서의 내용을 일일이 타이핑하는 것이다.

나중엔 완성된 초안 보고서 200페이지의 오탈자 검사도 했다.

작은 일이었지만,

이 업무들은 추후 보고서를 직접 쓰게 될 미래를 위한 기초가 되었다.

좋은 회사였고, 출퇴근도 안정적이었다.

하지만 자존감은 낮았다.

정년만 보장된다면 무슨 일이든 하고 싶었다.

시설관리직이라도 하고 싶었다.

그만큼 안정적인 직장으로의 취업이 절실했다.

매일 30분 먼저 도착했다.

직장인이라면 출근 10분 전에 도착하는 건 예의라고 생각했다.

하지만 퇴근은 정시에 했다.

바로 집 근처에 있는 계룡도서관으로 가야 했기 때문이다.

이력서는 하루 한 건을 쓰려고 노력했다.

지원할 곳이 없으면 공공기관 취업을 위한 필기시험인 NCS 공부를 했다.

문제 난이도는 높지 않지만, 시간 내에 풀고 고득점을 받아야 했다.

저녁은 편의점에서 사서 도서관 1층 휴게실에서 먹었다.

집에 가서 부모님을 마주하기도 죄송했기 때문이다.

3개월이 거의 흘렀을 때쯤 보고서 작업도 막바지였다.

박사님과 대리님, 차장님은 초안을 마쳤고,

신 연구원이 이를 받아 전체 보고서로 편집했다.

표, 그림, 목차도 정리했다.

하지만 한글 프로그램의 단축키를 몰라서 마우스로 일일이 클릭하며 일했다.

편집 속도가 느렸다.

추후에는 옆자리 동갑인 박사님이 친절히 하나하나 단축키를 알려줬다.

단축키를 쓰면 빠르다고 알려주셨다.

그때부터 단축키 공부를 시작했다.

속도도 붙고, 편집 업무에 대한 자신감도 생겼다.

업무는 속도와 정확도가 생명이었다.

그리고 보고서가 막바지에 다다르면서 모두가 민감해질 수밖에 없었다.

하루는 수석박사님이 불렀다.

"이 기능 몰라요?"

"모릅니다."

"박사 맞아요?"

"죄송합니다."

신 연구원이 박사를 졸업한 것은 알고 있다.

하지만 지금은 위촉연구원 업무를 하고 있는 신 연구원에게

이런 기본적인 것도 모르는데 어떻게 박사가 됐냐는 식의 물음이었다.

전부터 퉁명스러우셨지만 그날 이후 말투는 점점 차가워졌다.

신 연구원은 최선을 다했지만 기대에는 미치지 못했다.

자존심도 상했다.

하지만 신 연구원은 실제로 말뿐인 박사였고, 보고서 편집하는 위촉연구원이었다.

퇴근을 하면 이력서도 쓰고 있는 상황이라 체력도 점점 바닥났다.

석사급, 박사급, 사기업, 스타트업 전부 가릴 것 없이 지원했다.

하지만 결과는 없었다.

심리적으로도 힘들었다.

정신과에 가고 싶었다.

하지만 업무 시간에 갈 수는 없었다.

그저 더 힘들어지면 가야지. 마음속 돌파구처럼 간직해 두었다.

3개월 계약직이었지만 중간에 이직을 하고 싶다는 생각이 간절했다.

힘들어도 갈 곳 없이 그냥 중도퇴사하는 것은 선택할 수 없었다.

실업급여 문제도 있었고,

추후 어쩌면 있을 면접에서 중도퇴사라는 부분이 언급되면 안 되었다.

그래서 길게만 느끼지던 3개월 위촉연구원 생활을 버텼다.

퇴근 후엔 이력서에 더 집중했다.

직업 서칭도 절실하게 했다.

힘들다고 말하는 건 사치였다.

신 연구원은 인생을 살아가는 데 아무런 감정도 없고 생각도 없었다.

오직 한 가지, 취업만을 생각하면서 살고 있었다.

어느 금요일 저녁, 박사 지도교수님께서 식사하자고 하셨다.

외국인 박사 선배도 함께였다.

식사 자리에서 부탁을 드렸다.

"교수님. 생각처럼 취업이 잘 안 됩니다."

"이번 3개월의 계약 끝나면 전에 부탁드렸던 부분으로

학교에서 논문 쓰고 싶습니다."

"책상 하나만 마련해 주세요."

교수님은 흔쾌히 승낙해 주셨다. 감사했다.

교수님과 저녁을 먹은 그날 밤,

식사 중에 메일이 한 개 왔다. 처음엔 온 줄도 몰랐다.

집으로 가는 도중 메일이 왔다는 것을 확인할 수 있었고,

집에 가서 확인했다.

한국우리통신연구원 박사후연수연구원 합격 메일이었다.

너무 기뻤다.

포닥이라고도 불려지는 박사후연수연구원도 계약직이지만,

곧 계약 만료가 되는 지금의 연구원 이후에도

일을 할 수 있게 되었다.

새로운 업무를 시작할 수 있다는 게 감사했다.

여기는 계약이 7개월이었다.

짧았지만 3개월보다는 더 나은 조건이었다.

한국자연공사 연구원에는 합격 확인 후 일주일 더 근무한 후,

맡은 업무가 거의 없어졌을 때쯤 정중히 퇴사했다.

나중에 들은 이야기로 수석연구원님을

신 연구원 말고도 힘들어했던 사람이 있었다고 한다.

그 이야기에 위안을 얻었다.

신 연구원 스스로가 부족한 부분도 많았지만

본인만 업무를 아주 못한 사람이라

연구원 생활이 힘들었던 것은 아니었던 것이다.

다시 자신감을 얻었다.

이제 대전 사람들이 알아주는 한국우리통신연구원 계약직

포닥으로 출근하게 되었다.

인생이 더 겸손해졌다.

한국우리통신연구원이 정확히 어떤 곳인지는 몰라도

7개월 더 출근할 수 있다는 사실에 감사했다.

3개월 위촉연구원을 진행하면서 인생에 겸손해졌다.

그래서 지금도 '감사합니다'라는 말을 자주 쓰게 되었다.

18. 계약직 신 박사 이야기
_공공기관

한국우리통신연구원으로 첫 출근을 했다.

대전에 있는 정부출연연구기관에서 일해본 건 처음이었다.

주변에 비슷한 일을 해본 사람도 없었다.

알고 있는 건 단 하나.

7개월 동안 포닥으로 일할 수 있다는 것뿐이었다.

첫날은 인사팀 설명을 듣고, 근무지인 7동으로 이동했다.

함께 입사한 동기가 두 명 더 있었다.

캠퍼스처럼 넓은 연구원 단지를 걸으며, 서로 물었다.

"여기 어떤 곳인지 아세요?"

다들 몰랐다.

7동으로 안내해 주신 분이 우리를 '박사님'이라고 불렀다.

그 말이 어색했지만 기분이 좋았다.

그리고 근무 내내, 계속해서 '박사님'이라고 불렸다.

7동에 도착해서 자리를 배정받았다.

파트장 박사님께서 보고서 파일 몇 개를 주셨다.

과학 기술 내용이라 낯설었지만, 읽고 익히는 것이 첫 업무였다.

영업관리직을 오래 했던 신 박사에게는 새로운 도전이었다.

근무 여건, 복지, 연봉 모두 생각보다 좋았다.

계약직인 포닥이지만 박사 대우를 받는다는 사실에도 감사했다.

처음에 KISA, KISTI, KISTEP 등 관련 기관 이름조차 헷갈렸다.

모든 게 낯설었지만 3개월쯤 지나니 적응이 되었다.

첫 과제는 AI 반도체 국가별 정책 보고서 작성이었다.

선배 박사님의 도움으로 하나씩 배워 가며 작성했다.

신 박사는 한국우리통신연구원에서 좋은 분들을 많이 만났다.

연구원은 집에서 1시간 거리였지만,

포닥 생활에 집중하고 싶어 기숙사에 들어갔다.

기숙사는 연구원 바로 옆에 있었다.

7동까지 걸어서 12분.

포닥 기간 동안은 체력이 허락하는 한 업무에 최선을 다했다.

매일 출근하고, 피곤하면 기숙사에서 자고,

다음날 일어나면 바로 다시 출근했다.

정해진 근무 시간이라는 건 중요하지 않았다.

박사과정 때처럼, 절대적인 시간이 필요했다.

주말에는 기숙사에 남아 연구원으로 출근해서 논문을 썼다.

이 생활을 하며 간절해진 것이 하나 있었다.

앞으로도 계속 '박사님'이라고 불리고 싶었다.

그리고 진짜 박사다운 업무를 하고 싶었다.

한 달에 한 번은 계룡시에 가서 부모님을 뵈었다.

엄마는 "우리 신 박사 왔구나"라고 말하셨다.

하지만 신 박사는

"아직은 진짜 박사 아니에요. 포닥이에요."라고 답했다.

괜히 죄송했다.

그냥 "네, 신 박사 왔습니다"라고 맞장구쳐 드리면 되었는데.

진짜 박사가 되어, 부모님께, 친구에게, 지인들에게 당당하고 싶었다.

그러려면 누구보다 내가 더 노력해야 했다.

대학생 때 들은 취업 특강이 떠올랐다.

100미터 달리기처럼 서로 경쟁하는 사회가 아닌,

이제는 자신만의 길에서 끊임없이 자신을 성장시켜야 하는 삶을

살아야 한다는.

신 박사의 경쟁 상대는 본인 자신이었다.

주말엔 회사 일은 하지 않았다.

철저히 분리했다.

주말은 논문을 쓰는 시간이었다.

그렇게 한국우리통신연구원 생활을 하면서

국외 논문 1편, 국내 논문 2편을 냈다.

신 박사는 7개월 계약 후 다시 2년 계약을 하게 되었다.

과제 기간이 7개월이라 어쩔 수 없이 7개월 계약직을 채용했던 것이었고,

과제 기간상 한 번 정도의 연장은 할 수 있었던 것이었다.

연구원 생활 1년이 지날 무렵, 체력이 떨어졌다.

그래서 헬스를 시작했다.

연구원은 평일엔 유연근무제지만, 다른 분들보다

늘 일찍 출근하고 늦게 퇴근하려 했다.

연구원 생활 1년 8개월간은 주말도 대부분 출근했다.

한국자연공사의 권 차장님 말씀이 떠올랐다.

"주말에도 가끔 출근하세요. 주변 사람들이 박사님을 다르게 볼 겁니다."

정말 눈에 보이는 행동이 중요하다는 걸 깨달았다.

논문을 쓰느라 주말에 출근했던 날들이 당연히 많았는데

많은 박사님들께서 신 박사를 열심히 하는 연구원으로 인식하고

있었다.

연구원 생활 어느 날, 실장님이 운동장을 걷자고 하셨다.

그럴 땐 중요한 말씀이 있는 법이었다.

"어제 술 마시러 간 걸 들었어요. 지금처럼 하면

결과가 안 좋을 수도 있어요. 정규직으로 어디든 가셔야죠.

그리고 다른 분들과 연구원 내 카페에 가서

커피 마시는 것도 너무 잦으면 좋지 않아요.

박사님은 지금 보고서 하나하나에 집중해서 배우셔야 하는

시간입니다."

창피했다.

39살인데 이런 기본적인 이야기를 듣다니.

하지만 실장님의 진심이 느껴졌다.

잘되길 바라는 마음이었다.

실장님은 가끔 "신 박사님도 장점이 있다"고 말씀하셨다.

자세와 연구원에서의 인간관계를 좋게 봐주신 것 같았다.

이렇게 포닥 1년 반쯤이 되자 보고서 실적이 생겼다.

이젠 논문을 계속 더 쓰는 것보다는 이력서를 써야 할 때였다.

설레었다.

지금의 내가 다른 연구원에선 어떻게 평가되고 있을까 궁금했다.

하루에 한 번은 채용공고 홈페이지를 매일 체크했다.

하지만 한 선배 박사님은

"저는 포닥 당시에 3시간마다 채용공고를 봤어요"라고 했다.

간절한 만큼 자주 봐야 했던 것이다.

이렇게 자주 보니 채용 흐름을 읽기 시작했다.

이력서 21곳을 냈다. 서류 합격은 2곳.

하지만 이 2곳마저 최종 결과는 모두 탈락이었다.

점점 희망에서 절망감이 생겼다.

탈락의 이유는 분명했다.

지원 자격만 보고, 쓸 수 있는 곳은 모두 지원했다.

경력과 맞는 곳에 집중하지 못했다.

그리고 보고서, 논문 실적도 부족했다.

정규직 박사의 벽은 당연히 높았다. 1년 반 열심히 한다고

되는 것이 아니었다.

그럴수록 정규직 박사가 더 간절했다.

예전엔 사기업에 다닐 때는 정규직이든 계약직이든

회사에서 현재 일하고 있다는 점이 중요하다고 생각했다.

그건 신 박사가 정규직이었을 때의 생각이었다.

하지만 여행사 근무 때처럼 다시 계약직이 된 지금은

다르게 생각하게 됐다.

심리적으로 안정된 환경에서 균형 잡힌 삶과 업무가 너무나 간절했다.

신 박사는 연구원에서 티타임을 할 때도 늘 취업 이야기만 했다.

생각과 관심이 온통 정규직 박사 취업이었다.

당연히 현재의 연구원에 계속 있고 싶었지만,

이미 정규직 채용공고에 지원하여 2번 서류 탈락을 했다.

그만큼 지금 일하고 있는 연구원은 신 박사 수준에서는

너무 좋은 연구원이었던 것이다.

여기서 일하면서 배울 수 있다는 사실만으로도 감사했다.

하루는 선배가

"신 박사는 너무 취업 이야기만 한다. 인생을 좀 즐기면서 생활해."

라고 한 적도 있었다.

하지만 멈출 수 없었다.

거의 이직에 초집중하고 있었다.

그리고 1년 8개월이 된 시점에 드디어,

충청북도에 있는 연구원에 정규직으로 최종 합격했다.

돌이켜보면,

버틸 수 있었던 이유는 세 가지였다.

좋은 선배와 동기,

지치고 힘들 때 갑자기 밥 먹자고 하면 나와주는 대전의 친구들

그리고 가족이었다.

연구원을 떠나던 날,

군대 전역하는 기분이었다.

신 박사는 혼자 연구원을 돌면서 곳곳에서 셀카를 찍었다.

이 모든 시간에,

다시 한번 감사했다.

19. 신 박사 이야기
_연구원

박사 채용공고가 뜨면 보통 6명 정도가 지원했다.
최종 면접까지 가는 건 3명이었다.
행정직은 50명이 넘게 지원하는 경우도 있었지만,
박사직은 박사 학위라는 자격 요건이 있었기 때문에
많지는 않았다.
다만 결과적으로 지원 요건에 최적화된 박사급들과 경쟁해야 했다.
박사 학위는 곧, 자격증 같은 것이었다.
지원 자체가 불가능한 사람이 훨씬 많았다.
신 박사는 그 자격을 갖춘 사람이었다.
그게 다행이고 감사했다.

충청북도의 연구원에서 서류 통과 연락이 왔다.

경쟁에서 1차는 통과했다는 사실에 마음이 들떴다.

기뻤지만, 면접이 남아 있었다.

2주 후 발표 면접 일정이 잡혔다.

2주 동안 충청북도 과학 기술 관련 자료를 조사하고,

많은 선배 박사님들의 조언을 들었다.

발표 자료를 만들고, 면접 연습을 했다.

그리고 이렇게 생각했다.

"이번 면접은 나 아니면 안 돼."

면접 당일, 자신감은 넘쳤지만 긴장도 컸다.

입이 바짝 말랐다.

막상 발표를 하면서 생각은 멍해졌고, 말은 어눌해졌다.

여유 있는 발표자의 모습은 없었다.

발표 후 생각했다.

'최선을 다했다. 이것만으로 위안 삼자.'

역시 결과는 불합격이었다.

그래도 준비 기간 자체가 행복한 시간이었다.

그래도 사실 아쉬움은 컸다.

그래도 실망할 시간은 없었다.

한국우리통신연구원에서 진행 중이던 보고서와

작성하고 있던 해외 논문 마무리를 계속해야 했다.

한 달쯤이 지났다.

오늘도 채용공고 홈페이지를 보고 있었다.

하루에 채용공고를 네 번째 보는 시간이었다.

그런데, 그 공고가 또 떠 있었다.

전에 떨어졌던 충청북도의 연구원. 바로 그 채용이었다.

재공고였다.

무슨 사유인지 모르지만, 연구원에서 다시 채용을 진행하는 거였다.

망설이지 않았다. 다시 지원했다.

잃을 건 없었다.

누군가는 말했다.

"거기 또 지원한다고? 이미 떨어졌잖아."

하지만 신 박사는 생각했다.

"이번엔 정말 내가 안 될 이유가 없다."

이미 한 번 면접을 봤기에, 면접장 분위기를 잘 알고 있었다.

면접장 구조, 면접관들의 질문 성향, 물 제공 유무까지 모두 알고 있었다.

정보가 있는 만큼 유리했다.

두 번째 면접은 훨씬 여유로웠다.

하고 싶은 이야기를 다 하고 나왔다.

겸손하게 결과를 기다렸다.

그리고 전화가 왔다.

모르는 번호였다.

면접 본 연구원의 인사팀이었다.

합격이었다.

너무 기뻤다.

하지만 눈물은 나지 않았다.

신 박사가 흘렸던 눈물은 언제나 사람 덕분이었다.

회사에서 감사했던 사람들.

함께 일한 그런 분들 덕분에 울었다.

이번엔 울지 않았다, 인생에 감사했다.

친구인 은행 다니는 김 차장은 신 박사와 자주 통화한다.

어느 날, 김 차장은 신 박사에게 왜 그렇게 열심히 사냐고 물어본다.

이런 질문을 받을 때면 신 박사는 말한다.

"인생은 시냇물 위에 떠 있는 작은 조각배 같다.

계속 노를 젓지 않으면 뒤로 떠내려간다."라고 말한다.

신 박사는 지금, 충청북도에 산하의 연구원에서 일하고 있다.

직함은 '연구위원'.

오늘도 보고서를 쓰고 있다.

충북의 미래를 고민하며,

그리고 현재 다니고 있는 연구원에 감사하며.

그리고 퇴근 후엔 이 글을 쓴다.

누군가에게 작은 도움이 되기를 바라면서.

마지막으로, 취업을 준비하는 분들께 전하고 싶은 말이 있다.

회사가 원하는 인재의 눈높이와 구직자가 원하는 직장의 눈높이는 다르다.

우리는 회사 입장이 아니다. 구직자다.

눈높이를 낮추고, 직장에서 업무를 잘 배워야 한다.

그리고 기회를 만들어서 원하는 곳으로의 준비를 해야 한다.

또한, 중요한 건. 직장에 대한 자세와 겸손함이다.

취업은 목적지가 아니라 여정이다.

중요한 것은 출발선의 높이가 아니라,

이동 경로의 설계이다.

지금 신 박사도 앞으로의 보통날을 바라며, 다가올 10년을 준비하고 있다.

끝.

보통날을 바라던 28살 계약직 사원의
박사연구원이 된 **직장인 이야기**

1판 1쇄 발행 2025년 10월 1일

저자 신강선

교정 신선미   편집 윤혜린   마케팅·지원 이창민

펴낸곳 (주)하움출판사   펴낸이 문현광

이메일 haum1000@naver.com   홈페이지 haum.kr
블로그 blog.naver.com/haum1000   인스타그램 @haum1007

ISBN 979-11-7374-161-6(03810)

좋은 책을 만들겠습니다.
하움출판사는 독자 여러분의 의견에 항상 귀 기울이고 있습니다.
파본은 구입처에서 교환해 드립니다.

이 책은 저작권법에 따라 보호받는 저작물이므로 무단전재와 무단복제를 금지하며,
이 책 내용의 전부 또는 일부를 이용하려면 반드시 저작권자의 서면동의를 받아야 합니다.